Stifterverband
für die Deutsche Wissenschaft

HIGHTECH UND HEIMATKUNDE

Wirtschaft und Wissenschaft in den Regionen

Susanne Weiss

Herausgegeben von Andreas Schlüter

EDITION STIFTERVERBAND

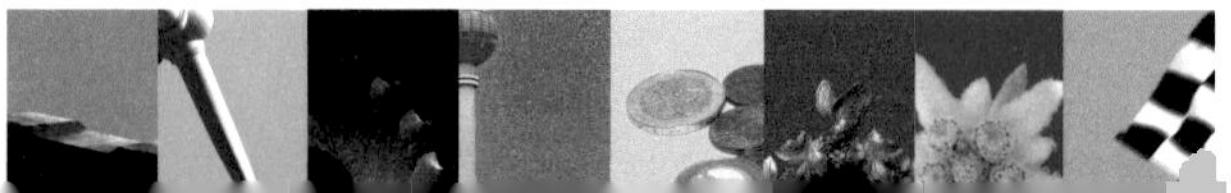

HIGHTECH UND HEIMATKUNDE

Wirtschaft und Wissenschaft in den Regionen

Susanne Weiss

Herausgegeben von Andreas Schlüter

EDITION STIFTERVERBAND

Text und Redaktion
Wortwandel Edition • Susanne Weiss

Gestaltung, Satz und Herstellung
dakato ... design.
Tonja Heilmeyer & David Sernau

Illustrationen und Arrangements
dakato ... design_David Sernau.

Gesetzt aus der
Thesis und der Berkeley Oldstyle
Gedruckt auf
»Westminster Premium« von Geese

Druck
Druckerei H. Heenemann, Berlin

Bildnachweis:
S. 44: photocase Prokop
S. 68: photocase Waldmeister
S. 114: Deutsches Uhrenmuseum
Furtwangen
S. 130: photocase BAMI

Printed in Germany
ISBN-10: 3-922275-27-3
ISBN-13: 978-3-922275-27-5
www.stifterverband.de

Bibliografische Information der Deutschen Bibliothek
Die Deutsche Bibliothek verzeichnet diese Publikation in der
Deutschen Nationalbibliografie;
detaillierte bibliografische Daten sind im Internet über
http://dnb.d-nb.de abrufbar.

Inhalt

VORWORT

Seit vielen Jahrzehnten erweist sich die deutsche Wirtschaft national und international als sehr robust. Die zyklisch auftretenden Auf- und Abwärtsbewegungen der Konjunktur haben die meisten Branchen immer wieder gemeistert. Ein wesentlicher Grund dafür ist, dass sie sich auf ihre traditionellen Stärken besonnen haben – Stärken indessen, die angesichts der scheinbar unbegrenzten Möglichkeiten der Globalisierung zuweilen aus den Augen geraten waren oder gar als »provinziell« galten. Für die deutsche Wirtschaft – und insbesondere für den deutschen Mittelstand – heißt eine dieser Stärken »regionale Verbundwirtschaft«.

Das ist nicht nur das Wissen, woher man kommt. Das beinhaltet auch die Kenntnis dessen, wie man sich zum Nutzen aller in einem – regionalen – Gefüge verhält. Denn die ökonomische Klugheit gebietet es, das Gesamtgefüge nicht für kurzfristigen Gewinn zu gefährden. Die soziale Einbindung in eine Region mit ihren kulturellen Traditionen, das über Jahre gewachsene Vertrauen, wo man einander kennt, sind als gemeinsame Stärke die Meister jeder Krise und das Rückgrat der sozialen Marktwirtschaft nach deutschem Muster – auch bekannt geworden als »Rheinischer Kapitalismus«. Das Gegenteil eines Kartenhauses. Sie sind auch die Grundlage für die fast schon legendäre Exportstärke der deutschen Wirtschaft.

Diese Stärke hat sich in Zeiten der Globalisierung allerdings unter eine Bedingung zu stellen: Unternehmen und Beschäftigte müssen dazulernen. Sie müssen sich weiterqualifizieren, um weiterhin im komplizierter gewordenen Weltmarkt bestehen zu können. Sie müssen innovativ sein und die Fähigkeit zur Spitzeninnovation mit ihren traditionellen Stärken verbinden. Dazu brauchen sie die Wissenschaft.

Dies muss eine Wissenschaft sein, die sich bei aller »Freiheit des Geistes« ebenfalls in der Region engagiert, von der sie lebt und in der sie vor allem die dringend benötigten klugen Köpfe »produziert«. Auch zu ihrem eigenen Nutzen. Denn im Zuge der Deregulierung werden Hochschulen immer mehr zu regelrechten Organisationen – anstatt wie bisher ein loser Verbund hoch autonomer Individuen unter Staatsaufsicht zu sein. Damit werden sie einem Unternehmen immer ähnlicher. Und so müssen auch sie über kurz oder lang zu »Good Citizens« werden – in der Region und für die Region, damit auch sie wie die Unternehmen klug zusammenwirken können, um international erfolgreich zu sein.

Wo man einander braucht, kann man am besten voneinander lernen, und so liegt auch in einer Wirtschaftskrise die Chance, Wissenschaft und Wirtschaft einander näher zu bringen.

Und hier befinden wir uns genau an der Schnittstelle, an der der Stifterverband seit vielen Jahrzehnten arbeitet. Schon immer war es seine Mission, unter den unaufhörlich sich weiter entwickelnden gesellschaftlichen und ökonomischen Rahmenbedingungen bei der Wirtschaft für die Idee zu werben, wie sehr jeder ökonomische Erfolg von einem soliden wissenschaftlichen Fundament abhängig ist. Und daraus folgend: wie überlebenswichtig es für die Wirtschaft ist, Wissenschaft energisch zu fördern. Zum anderen bedurfte die Welt der Wissenschaft und der Hochschulen immer schon freundlicher Hilfe und geduldigen Überzeugens durch den Stifterverband bei der Genese der Erkenntnis, dass die Wissenschaft eben keine Welt für sich ist, sondern der Antrieb gesellschaftlichen und wirtschaftlichen Fortschritts.

Sich zu öffnen für die Bedürfnisse der Welt »da draußen«, fällt auch heute noch manchem Forscher schwer, selbst dort, wo die Anknüpfungspunkte kaum zu ignorieren sind. Es gibt leider immer noch eine weit verbreitete Hybris in der Wissenschaft gegenüber der Welt des Wirtschaftens und des Gewinnstrebens. Dass das Misstrauen an dieser Stelle wechselseitig ist, muss eigentlich nicht ausdrücklich erwähnt werden: So mancher marktgestählte Unternehmer macht keinen Hehl aus seiner Überzeugung, derzufolge Hochschulen ineffiziente ›Quasselbuden‹ seien.

Und doch ist ein Mentalitätswechsel spürbar. Es scheint, als setze sich immer mehr die Erkenntnis durch, dass man nur gemeinsam stark ist. Doch sich nur die Hand zu reichen, ist nicht genug. Um mehr zu bewegen, müssen Hochschulen, Forschungseinrichtungen und Unternehmen ihre Stärken besser bündeln. Wie man das macht, zeigen die vielen Vorbilder in diesem Buch. Sie zeigen auch: Der Wille zu kooperieren hängt ganz stark von intrinsisch motivierten Persönlichkeiten ab, weniger von äußeren Anreizen. Förderprogramme mögen sinnvoll sein, ein Garant für erfolgreiches Zusammenarbeiten sind sie nicht.

Und so illustriert dieses Buch zugleich auch, wie der Stifterverband arbeitet: Beispiele guter Praxis zu finden und bekannt machen, damit sie als Vorbild für solche dienen können, die noch nicht so weit sind. Insofern mag dieses Buch Manchem als Fundgrube für eigene Vorhaben dienen.

Ich verbinde mit diesem Buch die Hoffnung, dass es unser Bewusstsein erweitert. Es nimmt uns mit auf eine Reise an Orte, die wir zu kennen glauben. Und doch erzählt es von Menschen und Ideen, von großen und kleinen Unternehmen, von Netzwerken und Initiativen auf eine Weise, die uns ganz neue Horizonte eröffnet.

Mehr kann man von einem Buch nicht erwarten.

Professor Dr. Andreas Schlüter
Generalsekretär des Stifterverbandes

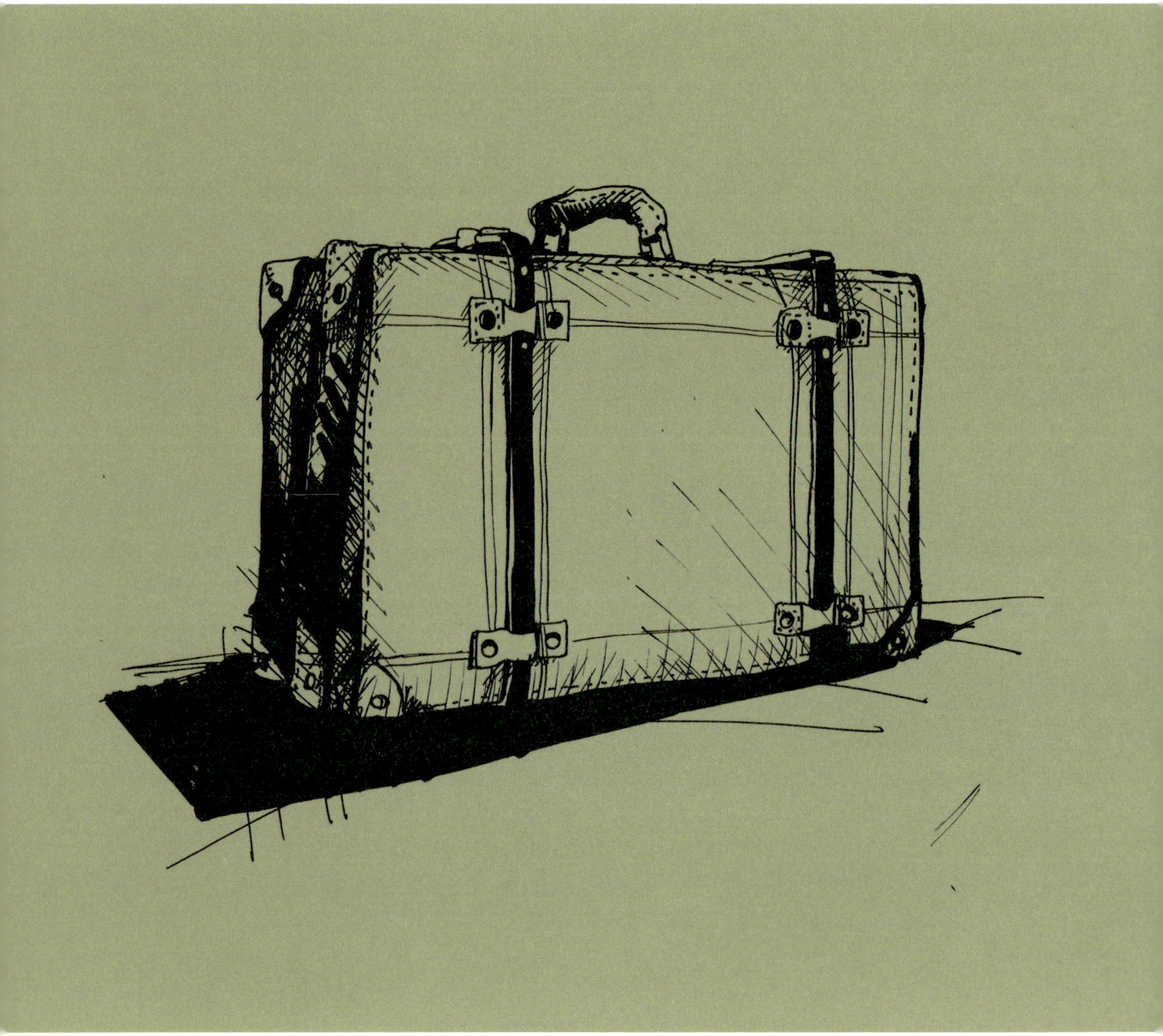

PROLOG

»MACHEN SIE UNS DAS LEBEN NICHT SCHWER«

WIRTSCHAFTEN IN DER REGION

Manchmal könnte man meinen, das Land ginge den sprichwörtlichen Bach herunter, wenn alle Welt ins »Ausland« geht – was immer das noch heißen mag. Das Wort vom *homeless capitalism* macht die Runde.

Die Figur vom »ortlosen Unternehmen« als Charakteristikum der Weltgesellschaft mag zwar chic sein, besonders, wo sie gegen die »Provinz« ins Feld geführt wird. Tatsächlich brauchen Unternehmen jeder Größe die Verankerung in der Region. Sie brauchen Zulieferer in der Nähe, insgesamt eine gute lokale Infrastruktur, und dazu gehört mehr denn je wissenschaftliche Expertise.
»Es ist ein Mythos zu glauben, man könne in der Globalisierung seine Zelte überall aufschlagen«, sagt der Bielefelder Wirtschaftshistoriker Werner Abelshauser. Und neueste Entwicklungen geben ihm Recht. So manches hoffnungsvoll gestartete Auslandsengagement erlahmt recht bald nicht nur unter scheinbar undurchschaubaren Gesetzen oder zu wenig beherzigten Kulturunterschieden. Bald erkennen viele der Unternehmen, dass sie woanders nicht nur fremd, sondern auch allein sind. Und das in einem deutlich verschärften weltweiten Wettbewerb, der immer weniger Lohn- und Produktionsschlaraffenländer übrig lässt. So verzeichnen die Wirtschaftsgazetten verwundert die Rückkehr gestrandeter Unternehmen ins gelobte Heimatland mit der unübertroffenen Infrastruktur und den klugen Köpfen mit dem anspruchsvollen Qualitätsdenken. »Made in Germany« ist kein Mythos, sondern bis heute weltweit beeindruckendes Gütesiegel, gegossen aus Engagement, Risikobereitschaft und Spaß am Tüfteln. Und selbst da, wo es ein wenig an Glanz eingebüßt hat, funkelt immer noch »Made in« Wolfsburg, Zuffenhausen oder Jena.
Je schneller die Welt sich dreht, Innovationszyklen sich verkürzen, Energiekrisen sich verschärfen, Finanzmärkte kollabieren und wiederbelebt werden, umso wichtiger ist der Rückhalt in der eigenen Region, umso wichtiger wird die Pflege der lokalen Identität als ein Element der Unternehmensstrategie. Gerade die erfolgreichsten Unternehmen wissen um die identitätsstiftende Bedeutung von selbstbewusster Regionalverbundenheit, verantwortungsvollem Umgang mit den Menschen einer Region und ehrgeizigem Innovationsstreben. »Der Daimler« mag überall in der Welt produzieren, aber nirgendwo ist man so stolz auf ihn wie in Stuttgart.
Das erreicht man nicht durch »Standort-PR«, sondern vor allem durch die regionale Verankerung. Ebenso wie es für weltweit agierende Unternehmen wichtig ist, Märkte, Mechanismen und Mentalitäten des globalen Handelns zu erkunden und zu verstehen, müssen sie sich auf die eigenen Traditionen besinnen. Nur so können sie die Eigenheiten und Wurzeln der Menschen in ihrer angestammten Region verstehen und auch nutzen.
Gerade alteingesessene Mittelständler wissen, dass die Zukunft ihres Unternehmens auch in seiner Vergangenheit liegt. Wer in die Welt will, muss wissen, woher er kommt. *»Für die deutsche Wirtschaft ist die regionale Verbundwirtschaft typisch«*, weiß Abelshauser. *»Das sind Cluster meist mittelständischer Unternehmen, die eng zusammenwirken, um für den Weltmarkt zu produzieren. Sie sind gegenseitig Zulieferer, Problemlöser und tauschen Innovationen und technologisches Know-how aus. Solche traditionellen Cluster gibt es in Sachsen oder etwa im Rhein-Main-Gebiet für Chemie und Finanzdienstleistungen, in München für Elektro-*

und Wehrtechnik. Oder in Nordwürttemberg. Da war die Firma BOSCH *schon 1906 in über hundert Ländern präsent. Und diese typisch deutsche Organisationsform der Wirtschaft ist heute ein wichtiger Vorteil für unsere Wettbewerbs- und Innovationsfähigkeit.«* vgl. auch: Werner Abelshauser, *Deutsche Wirtschaftsgeschichte seit 1945*, München, 2004.

Und genau hier liegt auch die Ursache für die Exportstärke der deutschen Wirtschaft. Laut UNO-Weltmarkt-Statistik gibt es 700 Teilmärkte auf der Welt. In 350 von ihnen ist Deutschland massiv vertreten. Und zwar in den Märkten mit Qualitätsproduktion und in den Standardproduktionsmärkten – insgesamt ist das der höchste Stand, den man erreichen kann, und die Zukunft der deutschen Wirtschaft liegt in der »*nachindustriellen Maßschneiderei*«, wie Abelshauser es nennt.

Der hohe Grad an Soziabilität, die spontane Bereitschaft zusammenzuarbeiten, hat eine Ursache auch in der autonomen und selbst organisierten Struktur der deutschen Form der Marktwirtschaft. Der Staat und seine Wirtschaftspolitik spielen nicht wirklich eine Rolle. Vielmehr sind Verbände, Clubs und Vereine – in der Regel auf regionaler Ebene – die Foren des Austauschs und der Entscheidungen. Ein großer Teil des Geschäftskapitals heißt »Vertrauen«.

Eine interessante Variante sind die in jüngster Zeit wieder deutlich an Bedeutung gewinnenden Genossenschaften, jene ursprünglich als Notbündnisse entstandenen Gemeinschaften, in denen sich nicht mehr nur Handwerker oder Landwirte zu Interessengemeinschaften zusammenschließen, sondern immer häufiger auch Ärzte, Energieversorger oder ganz normale Bürger, die sich für besondere Belange ihres Gemeinwesens einsetzen wollen.

Die Einbindung in Cluster ist gerade für kleine und mittlere Unternehmen überlebenswichtig. Denn das *FuE-Engagement* von KMU und damit die Innovationsdynamik im Mittelstand hat nach Daten des STIFTERVERBANDES in den vergangenen Jahren deutlich abgenommen. Immer weniger Forscher und Entwickler finden dort Lohn und Brot und entsprechend sinken auch die FuE-Ausgaben. Die Gründe sind hinlänglich bekannt: FuE birgt immer das Risiko des Scheiterns. Ein Risiko, das sich viele Mittelständler nicht leisten wollen oder gar nicht erst können, weil ihnen die Banken von vornherein die erforderlichen Mittel versagen. Regionale Verbünde können also für KMU besonders attraktiv sein, da sie die Risiken abfedern.

FuE-Statistik Der Stifterverband erhebt regelmäßig Zahlen und Daten zum FuE-Aufkommen der deutschen Wirtschaft. Aktuelle Werte werden in einer jährlichen Pressekonferenz präsentiert. Die Schriftenreihe „F&E facts“ gibt es hier zum Herunterladen:

www.wissenschaftsstatistik.de

Doch gerade für die Kleinen ist das Clustern auch immer eine Gratwanderung: Da sie oft hart am Wettbewerb agieren und schnell marktfähige Produkte brauchen, gehört für sie das ständige Abwägen der Kosten-Nutzen-Relationen zum Tagesgeschäft. Und die Zusammenarbeit mit schwerfälligen Hochschulen, die oft den Blick für die Nöte der Praktiker nicht haben, kann dann schnell zur Belastungsprobe werden …

»Cluster-Potenziale für Wissenschaft und Wirtschaft«
»Austauschprozesse zwischen Wissenschaft und Wirtschaft« ist ein Schwerpunktthema des Stifterverbandes. Auch das traditionelle Villa Hügel-Gespräch 2006 beschäftigte sich mit dieser Art Austauschprozessen. Es stand unter der Überschrift »Cluster-Potenziale für Wissenschaft und Wirtschaft«. Hochrangige Vertreter aus Wirtschaft, Wissenschaft und Politik diskutierten die Frage, wie von Clustern, in denen sich Unternehmen und Wissenschaftseinrichtungen entlang der gesamten Wertschöpfungskette zusammentun, ökonomische und wissenschaftliche Impulse ausgehen können.

Dokumentation: Moritz Kralemann, Ann-Katrin Schröder, Michael Sonnabend (Hrsg.): **Treibhäuser der Innovation.** Clusterpotenziale für Wirtschaft und Wissenschaft. Edition Stifterverband, 2007. 130 Seiten.

Heute spricht man auch gern von »Clustern«, wenn man eigentlich »Region« meint. Und wenn man einmal nachhakt, wird schnell klar, dass die Grenzen zwischen »Cluster« und dem, was gemeinhin als Region bezeichnet wird, mitunter fließend sind. Manche Region mit gutem Namen nennt sich »Cluster«, weil es zum guten Ton gehört und weil sie damit signalisieren will: Hier wird Hightech produziert. »Region« klingt dagegen fast hausbacken, ja, provinziell.

Und dennoch ist die um sich greifende »Clusterei« nicht unumstritten. Dass funktionierende Cluster zum Nutzen und Frommen aller Beteiligten wirken, darüber sind sich alle Experten einig. Im Silicon Saxony in Sachsen beispielsweise, wo Wirtschaft und Wissenschaft beispielhafte strategische Allianzen eingehen, gemeinsam forschen, entwickeln und gründen. Aber an der Frage, ob solche Cluster durch gezielte Politik geschaffen und erhalten werden können, scheiden sich die Geister schnell wieder. Denn allzu oft denken Politik und Verwaltungen in Legislaturperioden, während erfolgreiche Clusterpolitik eher den ganz langen Atem erfordert, ganz abgesehen davon, dass sich die traditionelle Industriepolitik in Deutschland im Zweifel immer eher dem Ausgleich von Strukturschwächen verschrieben hat als vorhandene Stärken zu stärken.

In Clustern sind es die Unternehmen selbst, die die Agenda bestimmen müssen, und mancher knorrige Mittelständler erwartet von der Politik nichts, außer dass sie den Unternehmen das Leben nicht schwer macht, sondern vielmehr für funktionierende Infrastruktur und für die Attraktivität eines Standortes im Allgemeinen sorgt. *»Erhalten Sie die Vielfalt der Universitäten, und sorgen Sie dafür, dass wir ausreichend Nachwuchs in den natur- und ingenieurwissenschaftlichen Disziplinen haben«*, meinte Hermut Kormann, ehemals Vorstandsvorsitzender der Heidenheimer VOITH AG, beim Villa-Hügel-Gespräch des STIFTERVERBANDES 2006 an die Adresse der Politik gerichtet. Und auch Friedrich Kerka, Innovationsforscher von der RUHR-UNIVERSITÄT BOCHUM, hält nicht viel von so manchen Programmen zur Clusterformierung. An die Stelle echter Potenzialförderung sei *»vielfach ein wenig ergiebiger Netzwerk-Aktionismus«* getreten. *»Echte Innovationskooperationen funktionieren anders«*. Aber wie? Cluster brauchen einen wissenschaftlichen Kern. Ohne die Wissenschaft haben viele Cluster kaum mehr als den Charakter einer Vermarktungs- oder Vertriebsgemeinschaft, so wichtig der Vertrieb im Innovationsprozess auch sein mag. Auch insofern trifft Hermut Kormanns Villa-Hügel-Mahnung den Kern der Sache. Ohne die Hochschulen und ohne die Wissenschaft sind Cluster bloß ein leerer Begriff.

Austauschprozesse zwischen Wirtschaft und Wissenschaft können nicht verordnet werden

Davon handelt dieses Buch. Und vor allem davon, dass die Austauschprozesse zwischen Wirtschaft und Wissenschaft nicht verordnet werden können. Zu gelungenen Kooperationen gehört mehr als guter Wille und üppig dotierte Förderprogramme. Zusammenarbeit – das zeigen all die Beispiele in diesem Buch – funktioniert überall da, wo gewitzte Schnittstellenaktivisten, blitzgescheite Unternehmer und in alle Richtungen bewegliche Forscher zusammentreffen und im günstigsten Falle ganz neue Verbindungen eingehen.
Und noch etwas zeigt sich, das all jene verstummen lassen müsste, deren Unkenrufe seit einigen Jahren die öffentlichen Debatten um die allmähliche Differenzierung im deutschen Hochschulsystem übertönen. Denn es sind mitnichten nur die großen, die Exzellenzuniversitäten mit den hohen Budgets, die den Rahm bei den Kooperationen mit der Wirtschaft abschöpfen. Auch kleine und mittlere Hochschulen können – wenn sie es richtig anfangen – gezielt mit der Wirtschaft vor allem aus der eigenen Region zusammenarbeiten und all jene eines Besseren belehren, die einem grausamen Verdrängungswettbewerb in der deutschen Hochschullandschaft das Wort reden. Um sich in eine gute Position zu bringen, müssen sich aber gerade die Kleinen wandeln. Und sie müssen diesen Wandel wollen, um ihn bewusst gestalten zu können. Dass das nicht immer ganz ohne schmerzhafte Prozesse abgeht, liegt im Kern der Sache begründet. Denn Profilierung bedeutet auch immer Konzentration aufs Wesentliche. Es müssen überzeugende Antworten auf den immer schärfer werdenden Wettbewerb um Forschungsmittel, Studenten und Spitzenforscher gefunden werden: Schon ist allenthalben die Rede von der »Markenidentität«, die sich bei Hochschulen he-

rausbilden müsse, um mit tragfähigen Ideen bei potenziellen Partnern aus der Wirtschaft punkten zu können. Cluster tragen also auch dazu bei, die deutschen Hochschulen auf Trab zu bringen.

Wie auch immer es sich mit »Marke« und »Profil« auch weiterentwickeln wird, eine große Stärke nicht nur kleiner Hochschulen ist – ebenso wie bei den Unternehmen selbst – ihre Besinnung auf ihre regionale Verankerung und das Aufgreifen deren traditioneller Stärken. Wo, wenn nicht an den Hochschulen, kann der Blick auf die Triebkräfte einer Region geschärft werden? Wo, wenn nicht hier, können Vergangenheit und Zukunft, können Traditionen und Innovationen sinnfällig zusammengebracht werden? In diesem Sinne – und nicht nur in diesem – sind Hochschulen die geborenen Partner von Unternehmen.

Wir haben in diesem Buch eine Reise gemacht, um herauszufinden, wie es heute um diese Partnerschaft steht. Wir haben mit Leuten gesprochen, die wissen, wie es geht, weil sie es tun. Und die auch wissen, was nicht geht. Dabei können wir nur einige Beispiele für verschiedene Formen regionaler Zusammenarbeit zeigen; ein Gesamtüberblick ist nicht beabsichtigt und kann an dieser Stelle auch nicht geleistet werden.

Und wir räumen den Regionen, die man nicht ohne Weiteres als Innovationsschmieden auf der Rechnung hat, etwas mehr Platz ein. Denn die erfolgreichen »Cluster« oder Regionen vermutet man ja vor allem im Süden der Republik, bei Schwaben-Tüftlern oder Hightech-Lederhosen. Nicht dass es falsch wäre. Aber Zahlen sind eben nicht alles, und was sagt schon die subtilste Statistik ohne einen Blick in die Geschichte? Es hat sich auch herausgestellt, dass Vergleiche zwischen den Regionen in der Regel hinken; und so ist es auch sinnlos, Modelle und Rezepte, die an einer Stelle erfolgreich sind, auf andere übertragen zu wollen. Und Rankings sollte man getrost vergessen …

WIR BEGINNEN AN DER RUHR

Das Kapitel über das Ruhrgebiet ist vor allem eine Geschichte über seine Neuerfindung, nachdem es die Spätfolgen eines kaiserlichen Universitätsverbots und die Verwerfungen der Montankrise hinter sich gelassen hat.

FAHREN WEITER KLAR NACH NORDEN

Drei Städte der Wissenschaft sind Leuchttürme der norddeutschen Tiefebene, und wer bislang die Gegend im Nordwesten Deutschlands vor allem mit Deichen und Windrädern in Verbindung brachte und im Herzen Niedersachsens den Takt einer Autofabrik schlagen hörte, hat ganz Recht. Nur anders als gedacht.

MIT DEM ZUG RICHTUNG SÜDOSTEN

Deutschlands forscher Osten präsentiert sich dem Reisenden mit zwei Städten der Wissenschaft, die geschliffenen Durchblick im Kleinsten und im Ganzen bieten und unter erschwerten Bedingungen Strukturen wandelten.

UND IN DIE HAUPTSTADT

Es zieht an in Berlin – Anfänge und Neuanfänge bestimmen die Szene. Noch steht die Wissenschaft etwas scheu hinter Nofretete, Museumsinsel und Currywurst. Doch langsam wird der Standort zum Vorteil – auch für die Wirtschaft, die einstweilen auch ganz gern in Brandenburg siedelt. Wo man sich indessen zusammentut, boomt es wie in alten Zeiten.

FLIEGEN NACH FRANKFURT

Geld allein macht nicht glücklich, denkt man sich in Frankfurt/Rhein-Main, obwohl das an einem der bedeutendsten Finanzplätze der Welt natürlich eine Rolle spielt. Man nimmt Anlauf, auch andere Standortvorteile zu nutzen … und was macht außer Geld am glücklichsten? Gesundheit!

STEIGEN UM IN DIE SCHWÄB'SCHE EISENBAHN

und lernen alles außer Hochdeutsch im baden-württembergischen Tüftlercluster, wo man außer Erfindungsreichtum und solidem Wirtschaften auch immer schon die Erkenntnis besaß, dass der Mensch nicht vom Brot allein lebt – er muss auch etwas lernen.

UND LANDEN MIT DEM LAPTOP AUF DER WIESN

Die schaffen's nie, dachte man vor einem guten halben Jahrhundert. Zu viele Bauern, zu wenige Arbeiter, zu wenige »Studierte«. Doch dann kam alles anders in Bayern, wo die Hightech auch heute noch in der Lederhose daherkommen und der studierte Kopf einen Gamsbart tragen darf.

JETZT SIND ES NUR NOCH 10.000 KILOMETER

in die größte deutsche Industriestadt. Seit über 100 Jahren hat sich hier durchaus im Sinne regionaler Verbundwirtschaft ein Cluster ganz besonderer Art entwickelt, hoch innovativ und in hochproduktivem Einvernehmen mit seinem ebenso innovativen wie leichtfertig unterschätzten Gastland: *Bem-vindo em São Paulo.*

N
NNW
NNO
WNW
NO
W
O
WSW
OSO
SSW
SSO
S

KEINE KOHLE?

ALTE UND NEUE GESCHÄFTE IM REVIER

Die Geschichte der Neuerfindung einer Region, nachdem sie die Spätfolgen eines kaiserlichen Universitätsverbots und die Verwerfungen der Montankrise hinter sich gelassen hat.

MAN MUSS ES EINMAL GESEHEN HABEN. Flüssiges Eisen, das sich aus einem Hochofen ergießt, betäubender Lärm, höllische Hitze, eine Szenerie, gegen die Hephaistos' olympische Schmiede ein Hobbykeller ist. Befeuert vom schwarzen Gold, das in gefährlicher Schwerstarbeit aus der Erde geholt wurde. Die spät, aber dann schnell aufstrebende Industrienation Deutschland brauchte Energie und Metall. Die Steinkohle des Ruhrkarbons war die Grundlage für die Entstehung der größten montanindustriellen Region Europas. Kohle, Eisen und Stahl, Dampfmaschine, Eisenbahn, Chemie und Energie bilden die Eckpfeiler der Ruhrwirtschaft. In der zweiten Hälfte des 19. Jahrhunderts waren über 280 Schachtanlagen in Betrieb. Heute sind es noch sechs.

Im Jahr 1834 war es erstmals gelungen, die Mergeldecke zu durchstoßen und die verkokbare Fettkohle zu erschließen. Dies gilt als die Geburtsstunde des klassisch definierten Ruhrgebiets. Die neuen Hochöfen – der erste war 1848 gebaut worden – brauchten den Koks wegen seiner spezifischen Eigenschaften, seine Qualität war unerreicht. Die jährliche Koksherstellung explodierte und damit der Bedarf an Arbeitskräften. Auch um stabile qualifizierte Stammbelegschaften zu schaffen, wurden Siedlungen für die Arbeiter gebaut, Wohnungen und Häuschen mit Stall und Garten. Als einheimische Arbeitskräfte knapp wurden, kamen schließlich die Malinowskis und die Wessoleks ins Ruhrgebiet. Zu Beginn des letzten Jahrhunderts stammte jeder fünfte Dortmunder aus Polen.

Mit der Zeit entstand ein geschlossenes und sehr selbstbewusstes Arbeitermilieu. Ruhrkohle wurde in ganz Europa gebraucht. Man war in der SPD und in der Gewerkschaft, Samstags ging man auf Schalke – kaum eine Weltgegend hat so viele Aktive und Zuschauer beim Fußball – legendär die Revierderbies …

Die Krise der Montanindustrie spielte längst mit seit den späten 50er-Jahren – ein Gemisch aus Kriegsfolgen, komplex kollidierenden Interessen, falscher Preispolitik, billiger Importkohle, billigem

Heizöl, kurzsichtiger Politik und Sturheit – und ließ sich trotz zwischenzeitlicher Erholungsphasen nicht wirklich wieder heilen. Die schwerindustrielle Monokultur, das lange Festhalten der Nachkriegs-»Ruhrbarone« an der alten Struktur – rasch hatten sie Werke und Grundstücke zusammengekauft und blockierten damit mögliche Auswege –, aber auch die durch Feuer und Kohle geprägte Mentalität der Bewohner, die einmal zu den Spitzenverdienern des Landes und zur Oberklasse des Arbeiteradels gehörten, forderte Tribut. Fast trotzig hielt man am Selbstbild fest. Mit technischen Innovationen hatte man sich anderenorts beschäftigt, das Bildungsniveau der Region war niedrig, wie man erschrocken feststellte – abgesehen vom Bildungsnotstand, der in den 60er-Jahren für ganz Deutschland ausgerufen wurde. Hier stand ein Ballungsgebiet von sechs Millionen Menschen ohne eine einzige Universität – eine sehr alte Altlast des Reviers. Kaiser Wilhelm II. hatte Aufruhr befürchtet, wenn sich womöglich Arbeiter, Eliten und Militär zusammenschlössen. Also waren die Eliten des Ruhrgebiets immer woanders hergekommen, soziologisch nicht relevant, es gab so gut wie kein Wirtschaftsbürgertum, nicht einmal Bergbauingenieure konnte man vor Ort ausbilden.

Das Umdenken nahm zuerst in Bochum Gestalt an, als 1965 die RUHR-UNIVERSITÄT gegründet wurde, gefolgt von der Dortmunder Universitätsgründung 1968; die beiden Gesamthochschulen, später Universitäten, Duisburg und Essen entstanden 1972; 1975 folgte die Fernuniversität Hagen und schließlich 1983 die erste deutsche Privatuniversität Witten-Herdecke. Dazu kamen fünf Fachhochschulen in den frühen 70er-Jahren, inzwischen sind es neun.

Ein bildungspolitischer Kraftakt.

Wie in keiner anderen Region galt bei den Hochschulgründungen das Leitbild von der Demokratisierung der Bildungschancen zum Nutzen und Frommen der Region. So gab es gleich zu Beginn, der besonderen Situation geschuldet, an den Ruhrhochschulen Sondermodelle für ein Studium ohne Abitur, ein heute wieder hochaktuelles Thema.

Doch lange noch war selbst der Blick in die Zukunft auf die Vergangenheit gerichtet, die Folie Montanindustrie war nicht so leicht zum Verschwinden zu bringen. Als 1987 die Hochöfen eines der traditionsreichsten Hüttenwerke des Ruhrgebiets, die 1854 gegründete Henrichshütte in Hattingen, ausgeblasen wurden, gab es erbitterten Widerstand. Insgesamt waren seit 1980 über die Hälfte der Arbeitsplätze im Produzierenden Gewerbe verloren gegangen. Heute sind viele der Wahrzeichen der einst boomenden Industrieregion zu Museen geworden, das berühmteste unter ihnen, die Zeche Zollverein, Welterbe der UNESCO, beherbergt seit 2009 das neue Ruhrmuseum als Gedächtnis des Reviers. Es zeigt die Region aber nicht nur in ihrer langen Industrialisierungsgeschichte und deren Folgen, sondern auch in ihren Zukunftsperspektiven. Die heißen heute Materialforschung, IT, Medizintechnik und Gesundheitswirtschaft, Umwelt- und Solartechnik, Energietechnik und Logistik. Inzwischen ist das Ruhrgebiet die dichteste Hochschulregion Europas, 100 außeruniversitäre Forschungseinrichtungen der Fraunhofer-Gesellschaft, der Max-Planck-Gesellschaft, der Leibniz-Gemeinschaft und der Industrie gehören zum Wissenschaftscluster an der Ruhr. Die »Projekt-Ruhr GmbH« verbindet die medizinischen Fakultäten Essen, Bochum und Witten im Gemeinschaftsprojekt BioMedTec-Ruhr, um wissenschaftliche Kompetenz in unternehmerische Perspektive umzusetzen. Die Universitäten Dortmund, Duisburg-Essen und Bochum kooperieren mit dem Initiativkreis Ruhrgebiet in der »Energieforschung GmbH«; hier werden größere Projekte anwendungsorientierter Forschung der Energiewirtschaft definiert und in praktische Lösungen umgesetzt.

Wie in keiner anderen Region galt bei den Hochschulgründungen das Leitbild von der Demokratisierung der Bildungschancen zum Nutzen und Frommen der Region

Im Revier gibt es keinen Strukturwandel ohne Bildung und Wissenschaft, da sind sich die Experten einig. Die Hochschulen selbst sind Wirtschaftsfaktoren, stellen Expertise bereit, und zugleich sind sie Garanten für die »Produktion« der qualifizierten Arbeitskräfte, die in der Wirtschaft gebraucht werden. Ohne die Hochschulen hätte es auch nicht die Veränderung von Mentalität und Atmosphäre gegeben. Eine neue Art von Urbanität hat sich entwickelt – mit Kneipen, Museen, Literatur und »Szene«; eine neue bürgerliche Schicht entstand. 130.000 Studierende und 25.000 Beschäftigte in Hochschulen hinterlassen ihre Spuren.

Eine weitere Zukunftsperspektive heißt »Ruhrstadt«, wobei man keinen Wert darauf legt, das »New York« Europas zu sein, wie es einst der ehemalige Intendant des Schauspielhauses Bochum, Claus Peymann, fast wie zum Troste sagte. In Wissenschaft und Wirtschaft weiß man, dass es nur gemeinsam geht – die Politik hinkt etwas hinterher –; vor allem junge Leute haben längst die ganze Ballung zu ihrem Revier gemacht. Zukunft heißt auch die Vertreibung von Heavy Metal, Kohlenstaub und Brikettregen aus dem Gemüt. Frühes Beispiel war eine Imageanzeige, die 1996 zwei Kühe in der satt grünen Niederung der Ruhr zeigte und den Betrachter fragen ließ: *»Wo bitte geht's zum Ruhrgebiet?«*

Im Revier gibt es keinen Strukturwandel ohne Bildung und Wissenschaft

DUISBURG Genau genommen beginnt das Ruhrgebiet im Rheinland. Wenn man an der Ruhrmündung bei Duisburg von Westen kommend den Rhein überquert, ist man bereits auf dem Hellweg, einer alten Handelsstraße, die von hier bis an Weser und Elbe reichte, heute als »Ruhrschnellweg« mitten durchs Revier führt und nicht nur alle großen Hochschulen miteinander verbindet.

Eine der ältesten Universitätsstädte Deutschlands ist Duisburg. Bereits 1655 entstand die Universität, die jedoch 1822 zugunsten der Neugründung in Bonn wieder aufgelöst wurde. Erst 150 Jahre später kam die Wissenschaft wieder an den Niederrhein, als 1972 die Gesamthochschule gegründet wurde. Bei der Universitätswerdung 1980 erhielt sie den Namen eines Spitzenforschers seiner Zeit, der sich 1552 wegen der guten Arbeits- und Lebensbedingungen in »Duisburgum Doctum«, dem »Gelehrten Duisburg«, niedergelassen hatte. Der Kosmograf und Mathematiker Gerhard Mercator lehrte von 1559 bis 1562 am Duisburger Akademischen Gymnasium. Mit seiner großen Weltkarte von 1569 erlangte er Weltruhm, mit der besonders winkeltreuen »Mercator-Projektion« ging er in die Geschichte ein. Aus Duisburg wurde schließlich gegen Ende des 19. Jahrhunderts eine der bedeutendsten Städte der Hochindustrialisierung und nach dem Ausbau der Rhein-Ruhr-Mündung der größte Binnenhafen der Welt. Große Industriewerke wie Thyssen und Krupp siedelten sich nördlich und südlich der Stadt an und bestimmten fortan ihre Geschicke wesentlich mit. Es entstanden neue Siedlungen um die alten Kerne, und die Einwohnerzahlen wuchsen rasant. 1904 wird Duisburg Großstadt und teilt in der Folge das Schicksal aller Städte des Ruhrgebiets in der Blüte wie auch im Niedergang.

Heute ist Duisburg der größte europäische Binnenhafen und hat sich zu einem integrierten Logistikstandort mit weltweiter Bedeutung entwickelt. Und so sind seit jeher Logistik und Verkehr – vielleicht mit etwas Mercator im Geiste – Forschungsschwerpunkte an der Duisburger Hochschule, die sich am 1. Januar 2003 mit ihrer akademischen Schwester in Essen, ebenfalls 1972 gegründet, zur UNIVERSITÄT DUISBURG-ESSEN verband. Die »Zwei-Campus-Universität« zählt mit über 30.000 Studierenden zu den Großen in Deutschland. »*Die Fusion spiegelt das veränderte Selbstverständnis der Region wider*«, sagt Rektor Ulrich Radtke. Ein wichtiger Schritt also in Richtung »Metropole Ruhr«. Die Zusammenarbeit wird weiter intensiviert, und zwar arbeitsteilig – was am Ende die knappen Ressourcen schont. In Duisburg konzentriert man sich auf Ingenieur-, Natur- und Gesellschaftswissenschaften, in Essen dagegen hat die Universität als einer der nordrhein-westfälischen Schwerpunkte in der Lehrerausbildung ein starkes Zentrum für Bildungsforschung. Das Universitätsklinikum ist das forschende Schwergewicht im boomenden Essener Gesundheitscluster.

Wem der irdische Weg von Duisburg nach Essen zu weit sein sollte, kann die virtuelle Verbindung suchen. Das »Ruhrcampus online Projekt« wird von einer Stiftung gefördert, die ebenfalls den Namen *Mercator* trägt.

International ist man geworden mit der Zeit, es gibt eine Reihe englischsprachiger Studiengänge. Aber am regional orientierten Selbstverständnis der Universität lässt Rektor Ulrich Radtke keinen Zweifel. Ganz im Sinne der Studierenden, die mehrheitlich aus der Region kommen und wohl inzwischen verstärkt auch dort bleiben. Die Spurensuche nach den Absolventen beginnt gerade erst.

Mit einer *»starken regionalen Aufgabe«*, wie Radtke betont, will Duisburg-Essen Modelluniversität werden. Das Programm »Integration in Wissenschaft« dient der Erhöhung der Bildungschancen für Migranten, und man kann dabei auf eine Stärke der Region zurückgreifen. Schließlich hat man gut 100 Jahre Erfahrung mit der in weiten Teilen erfolgreichen Integration von Migranten. Die Region fit zu machen für die Globalisierung, ist Chefsache an der Universität. Und damit die Vorreiterrolle auch deutlich und gesichert ist, wird ein eigenes Prorektorat für »Diversity Management« eingerichtet.

Dass man an einem starken Standort mit der Wirtschaft kooperiert, versteht sich von selbst. Allerdings bedarf eine Gruppe aus Sicht des Rektors besonderer Anstrengungen: *»Mittelständler sind schwer zu begeistern«*, hat er erfahren. *»Man muss schon herausgehen und sie hineinholen.«*

Die *Stiftung Mercator* wurde 1996 von der aus Duisburg stammenden Handelsfamilie Karl Schmidt gegründet. Sie fördert Projekte für bessere Bildungsmöglichkeiten an Schulen und Hochschulen – vor allem im Ruhrgebiet. Im Sinne Mercators unterstützt sie Vorhaben, die den Gedanken der Weltoffenheit und Toleranz durch interkulturelle Begegnungen mit Leben erfüllen und die den Austausch von Wissen und Kultur anregen.

OBERHAUSEN

Wenn man sich auf den Hellweg von Duisburg nach Essen macht, kommt man durch eine Stadt, die eines der berühmten Wahrzeichen des Industriezeitalters beherbergt: Ein Gebilde namens »Gasometer«, das 1929 als Gasbehälter gebaut wurde und heute mit 117,5 Metern die höchste Ausstellungshalle Europas ist. Von der einstigen Wiege der Ruhrindustrie – 1758 wurde hier die St. Antony-Hütte errichtet – verwandelte sich Oberhausen zur beliebtesten Einkaufs- und Freizeitstadt im Ruhrgebiet. Man sieht sich gern als Paradestück für den Strukturwandel, und tatsächlich findet man hier eines der vielen Beispiele, wie ganz in diesem Sinne der innovative Mittelstand an die Wissenschaft kommt.

»Wir brauchen Praktiker mit einer fundierten akademischen Ausbildung«

Die Firma Evers in Oberhausen ist ein erfolgreiches mittelständisches Großhandelsunternehmen, das darauf spezialisiert ist, die Produktwerte seiner Kunden zu sichern. Und das tut es in den Kernbereichen Heben, Sichern, Fördern und Verpacken. Bei Evers hat man kein Problem, sich den benötigten wissenschaftlichen Input zu besorgen. Man weiß, dass exzellent ausgebildete Mitarbeiter der Schlüssel zum Erfolg sind. Ein *dualer Studiengang* mit der Fachhochschule für Ökonomie und Management (FOM) ist für die Firma Evers der Königsweg dahin. (s. u.)

»Wir brauchen Kaufleute und Betriebswirte«, sagt Angelika Steiner, Geschäftsführerin des Unternehmens. Die Kombination ist insgesamt *»eine Superausbildung«*, findet sie. Die Auszubildenden haben Praxiserfahrung, zugleich ein fundiertes wirtschaftswissenschaftliches Wissen und sind so imstande, schnell und kompetent komplexe Probleme zu lösen. *»Die jungen Leute sind hoch motiviert«*, freut sich Angelika Steiner. Das ist gut für die Firma und gut für die Kundenbindung. Die Auszubildenden absolvieren mit hervorragenden Noten nach 18 Monaten die Kammerprüfungen und bleiben in der Regel in der Firma. *»Uniabsolventen sind für mittelständische Unternehmen nicht so geeignet«*, sagt Steiner und nennt einen Punkt, der für viele im KMU-Sektor gilt: *»Wir brauchen Praktiker mit einer fundierten akademischen Ausbildung.«*

Duale Studiengänge wären für viele Unternehmen das A und O der Zusammenarbeit von Wissenschaft und Wirtschaft – wenn es denn mehr davon gäbe. Das fand eine Umfrage des Stifterverbandes im Rahmen des Programms Austauschprozesse heraus.

Nachzulesen in:
Innovationsfaktor Kooperation – Bericht des Stifterverbandes zur Zusammenarbeit von Unternehmen und Wissenschaft
Berlin, 2007

Zur nächsten Station auf dem Hellweg gelangt man heute wesentlich schneller als in einer Zeit, zu der viele Städte der Region einem damals sehr erfolgreichen Netzwerk angehörten, das ihnen Ansehen und Wohlstand brachte. Im 14. und 15. Jahrhundert waren Duisburg, Bochum, Kamen, Recklinghausen, Dortmund und weitere elf Gemeinden stolze Mitglieder der Hanse. Auch Essen gehörte dazu, dessen Geschichte im neunten Jahrhundert als – weltliches – Stift für die Töchter des sächsischen Adels beginnt. Lange geleitet von mächtigen hochadeligen Äbtissinen, bildete sich um das Stift herum etwas, das man heute einen »Cluster« nennen würde. Eine Mischung aus Bildung und Gewerbe – die spätere Stadt Essen.

ESSEN

Schon seit dem 16. Jahrhundert war die Familie Krupp in Essen ansässig, 1811 gründete Friedrich Krupp die erste Gussstahlfabrik, und kaum ein anderer Name verbindet sich so mit der Stadt wie derjenige der Krupps. Es gab Zeiten, da war die Fläche der Krupp'schen Werke größer als der Rest der Stadt; die Villa Hügel, der Krupp'sche Familiensitz, trägt durch schiere Größe und ihre Lage hoch über der Stadt fernab von rauchenden Schloten fast sakrale Züge.

Der *Stifterverband für die Deutsche Wissenschaft*, die bedeutendste Schnittstelle zwischen Wissenschaft und Wirtschaft, hat seinen Sitz in Essen ebenso wie neun der 100 größten deutschen Unternehmen. Auch hier ist der Strukturwandel gelungen. Wo früher Stahl gekocht wurde, hat man den Asbestmantel mit dem weißen Kittel vertauscht: So gibt es zum Beispiel in der Gesundheitsbranche mittlerweile rund 40.000 Arbeitsplätze.

Essen ist außerdem der Stammsitz eines innovativen Konzepts in der Zusammenarbeit von Wissenschaft und Wirtschaft zum Wohle der Region.

Stifterverband für die Deutsche Wissenschaft

Der Stifterverband ist eine Gemeinschaftsaktion der deutschen Wirtschaft. In ihm haben sich rund 3.000 Unternehmen, Unternehmensverbände, Stiftungen und Privatpersonen zusammengeschlossen, um Wissenschaft, Forschung und Bildung voranzubringen.

Seine gemeinnützigen Aktivitäten finanziert der Stifterverband ausschließlich über die Beiträge und Spenden seiner Mitglieder und Förderer. Dank der privaten Finanzierung ist es möglich, unbürokratisch und frei von staatlichen Vorgaben zu handeln.

»Insbesondere fordern wir die Länder und Hochschulen auf, endlich das Thema der Durchlässigkeit zwischen beruflicher und hochschulischer Bildung anzugehen. Beruflich Qualifizierten muss auch ohne Abitur der Weg in die Hochschulen offen stehen«, forderte im Juni 2008 Thomas Sattelberger, Personalvorstand der Deutschen Telekom AG und Vorsitzender des BDA/BDI/HRK-Arbeitskreises Hochschule/Wirtschaft, auf einer Tagung von Stifterverband, BDA und BDI.

»Für das Ruhrgebiet, wo erst langsam ein akademisches Milieu entsteht, ist diese Art Hochschule überlebenswichtig«

An der privaten FACHHOCHSCHULE FÜR ÖKONOMIE UND MANAGEMENT (FOM) ist das längst möglich. Meister und Techniker und auch anderweitig beruflich Qualifizierte können hier ebenso studieren wie Abiturienten. *»Für das Ruhrgebiet, wo erst langsam ein akademisches Milieu entsteht, ist diese Art Hochschule überlebenswichtig im Strukturwandel«*, sagt Harald Beschorner, Kanzler der FOM. Hochqualifizierte Berufstätige ohne Abitur mussten immer wieder erleben, dass man ihnen Uniabsolventen vor die Nase setzte. – *»Die wurden sauer gefahren«*, erzählt Beschorner. Umgekehrt fehlten den Betrieben vor allem im KMU-Sektor die Lehrlinge, als der Run auf die Universitäten begann. »Karriere mit Lehre« zog nicht mehr. Reibungsverluste der Bildungsreform.

Die FOM wurde als eine der ersten deutschen privaten Fachhochschulen 1993 in der Trägerschaft von Wirtschaftsverbänden gegründet. Die Verbände repräsentieren die Wirtschaft der Ruhrregion vom mittelständischen Familienbetrieb bis zum Weltkonzern, und sichern so die Praxisnähe. Heute liegt die Trägerschaft der FOM bei der gemeinnützigen Stiftung BILDUNGSCENTRUM DER WIRTSCHAFT.

Man ist flexibel und kundenorientiert, die gute Verankerung in der Region zahlt sich aus, wie zahlreiche Kooperationen zeigen. Einen weiteren Vorteil nennt Beschorner, den man vor allem gegenüber den großen Hochschulen hat: *»Wir sind schnell.«* Zum Beispiel, wenn es darum geht, zusammen mit Unternehmen ein neues Studienangebot zu entwickeln. Das hat die FOM nicht nur zu einem Exportschlager des Ruhrgebiets gemacht, ist sie doch inzwischen an 20 weiteren Standorten vertreten. Die Vorteile haben sich inzwischen auch bis in die mittelständischen Unternehmen und zu immer mehr

Abiturienten herumgesprochen, die das Leibniz'sche Postulat von *theoria cum praxi* gleich von Beginn an erfüllen wollen. Zumal es ein uneinholbarer Karrierevorteil ist.

»*Man muss wissen, dass so ein Studium kein Zuckerschlecken ist*«, sagt Carsten Baukrowitz. »*Man lernt in sieben Semestern dasselbe wie an der Uni, und gleichzeitig macht man einen Fulltimejob.*« Während seines Studiums arbeitete Baukrowitz bei der DEUTSCHEN BANK in Essen, seit Anfang 2008 ist er bei der CITIGROUP in Frankfurt beschäftigt. »*Investmentbanker wollte ich nicht werden*«, sagt Baukrowitz, der 2006 das Erststudium an der FOM abschloss, einen MBA dazunahm und der nun an der Master Thesis arbeitet. Dieser Weg geht in der Regel noch über die Universität. Aber als »normaler Banker« konnte er Ausbildung und Studium miteinander verbinden. Im Ruhrgebiet war es kein Problem, die richtige Kombination von Studien- und Ausbildungsplatz zu finden. »*Ein echter Wettbewerbsvorteil*«, findet der Essener. An der FOM lobt er die flexible Konstruktion, die automatisch entstehe, wann immer eine Einrichtung kundenorientiert sei. »*Man ist in ständigem Dialog, es wird gefragt, was gebraucht wird.*« Flexibilität und Zweigleisigkeit haben unschlagbare Vorteile, wie Baukrowitz findet: »*Gegenüber meinen klassisch ausgebildeten Kollegen habe ich einen uneinholbaren Vorsprung*«, sagt der 30-Jährige. In Essen hatte Baukrowitz zuletzt mittelständische Firmenkunden betreut, in Frankfurt arbeitet er im Relationship Management für Konzernkunden, und die ganz Großen wird er in Essen auch wieder treffen. Denn da will Baukrowitz auf jeden Fall wieder hin. »*Zum Ruhrgebiet gibt es keine Alternative.*«

»*Gegenüber meinen klassisch ausgebildeten Kollegen habe ich einen uneinholbaren Vorsprung*«

Das fand offenbar auch ein Stück Industriegeschichte, das ins Revier zurückkehrt. Die ThyssenKrupp AG hatte jahrelang im feinen Düsseldorf residiert. Doch eigentlich ist Essen der bessere Standort – mitsamt brandneuem Hochofen. Das klingt nach Schwerindustrie, ist es auch, hat aber – ganz im Zuge der Zeit – viel mit Hightech und Quantenmechanik zu tun. Im Juni 2008 begrüßte man daher bei der ThyssenKrupp Steel AG die Einrichtung eines neuen Forschungsinstituts als *»wegweisendes Ereignis«*. Zwischen Rhein und Ruhr wird rund ein Drittel der in Deutschland hergestellten Stähle produziert. Und kein Stahlhersteller würde im heutigen Hightechzeitalter allzu lang ein wissenschaftsfreies Ruhrgebiet überstehen. ThyssenKrupp – und Konsorten – fanden an der ersten der Ruhruniversitäten die Forschung zum »Hochofen«.

BOCHUM

Um dahin zu gelangen, geht man wieder auf den Hellweg und fährt ein Stück nach Osten. Weniger als 20 Kilometer misst die Strecke nach Bochum – als Ortsunkundiger hätte man den Übergang zwischen den zwei Städten nicht bemerkt. Bochum, auf westfälisch »Baukem«, ist eine Gründung aus dem Mittelalter und blieb bis zum 19. Jahrhundert ein Ackerbaustädtchen, wenngleich schon seit dem 14. Jahrhundert das Steinkohlenschürfen belegt ist. 1832 begann mit dem Übergang vom Tagebau zum Untertagebau die Blütezeit des Bochumer Bergbaus, ab 1837 wurden die Grundlagen für die Schwerindustrie geschaffen.

Nach dem Krieg galt Opel als Zeichen des Strukturwandels im Revier, seit der Autobauer ab 1962 das erste Werk nach Bochum gebracht hatte. Bochum ist zudem der Sitz der ersten Universität im Revier, der »Ruhr-Universität«.

Als Kooperationspartner für *ICAMS* fanden sich bedeutende Akteure des Werkstoffsektors: das Max-Planck-Institut für Eisenforschung, die RWTH Aachen, die Robert Bosch GmbH, die Salzgitter-Mannesmann Forschung, Bayer Materials Science und ThyssenKrupp. Das Land Nordrhein-Westfalen erklärte sich bereit, im Rahmen einer Public-Private-Partnership die Hälfte der Anschubfinanzierung für die Aufbauphase zu übernehmen.

»Das ›Interdisciplinary Centre for Advanced Materials Simulation‹ wird entscheidend dazu beitragen, dass wir auch künftig einen Innovationsvorsprung gegenüber unseren Mitbewerbern besitzen«, sagte der Vorstandsvorsitzende der ThyssenKrupp Steel AG, Karl-Ulrich Köhler, bei der Eröffnung des kurz »*ICAMS*« genannten Gemeinschaftsprojekts der Ruhr-Universität Bochum mit einem Industriekonsortium unter der Führung von ThyssenKrupp und dem Land Nordrhein-Westfalen.

Neue Materialien und deren technologische Eigenschaften sind als Zukunftsthema Objekt großen Produktions- und Wissensdurstes. Sie werden am Rechner modelliert, ihre Eigenschaften simuliert. Natur- und Ingenieurwissenschaften verbinden sich, eine neue Generation von Ingenieuren wächst heran, *»die sich mit den Grundsätzen der Quantenmechanik so gut auskennen wie mit dem Umformverhalten von Stahlplatinen in den Tiefziehpressen der Automobilhersteller«*, wie Köhler es ausdrückte.

»Nachindustrielle Maßschneiderei« für die einst größte montanindustrielle Region Europas, ein Leuchtturm innovativer Forschung zudem.

»Die Industrie sagt, was sie braucht, und die Forschung erklärt, was sie kann«

Ralf Drautz ist soeben aus England zurückgekehrt. Der Physikprofessor ist Direktor am neuen Institut und freut sich auf die Zusammenarbeit mit der Industrie. *»Die Wirtschaft hat klare Vorstellungen davon, wo es hingehen soll«*, sagt er und erteilt dem Forschen ohne Ziel und Kontur eine Absage. *»Die Naturgesetze kennen wir, auch die Quantenmechanik gibt es schon lang«*, sagt er. *»Da ist es jetzt nur logisch, sie urbar zu machen und nach Anwendungen zu suchen.«* Die gemeinsamen Ziele fand man im Gespräch, erzählt Drautz. *»Die Industrie sagt, was sie braucht, und die Forschung erklärt, was sie kann.«* Der Physiker freut sich besonders über das langfristige Engagement der Industrie in Projekten wie diesem. Zu den Grundängsten der Wissenschaft gehört heute, dass in der Industrie wie auch längst schon bei der öffentlichen Förderung eine gewisse Kurzatmigkeit herrscht, verbunden mit falschen Erwartungen an Problemlösungen vom Fließband.

Für die Politik und vor allem für die Universität, an der ICAMS angesiedelt ist, findet der Schwabe Drautz nur lobende Worte. Und nicht zuletzt für seine neue Heimat: *»Ich hatte keine Ahnung, was hier alles los ist!«*

Man braucht Unternehmer und Hochschulen mit einem commitment für die Region

ICAMS hat eine Vorgeschichte, die viel zu tun hat mit dem »INITIATIVKREIS RUHRGEBIET«, einem Zusammenschluss von 70 Unternehmen der Region und darüber hinaus. Wissenschaft und Wirtschaft will man besser miteinander verknüpfen, und so wurden 2004 unter der Moderation von Ekkehard Schulz, dem Vorstandsvorsitzenden der THYSSENKRUPP AG, Absicht und Idee generiert, die Werkstoffkompetenz im Ruhrgebiet mit seinen starken Unternehmen einerseits und seiner exzellenten Forschungslandschaft andererseits mit einem Leuchtturm zu versehen.

»Für so ein Vorhaben braucht man natürlich Forscher, die nicht in erster Linie an die nächste Publikation denken«, sagt Peter Lampe, Geschäftsführer des Initiativkreises. Und man braucht Unternehmer und Hochschulen mit einem *commitment* für die Region, denn dies sei für alle Beteiligten ein Erfolgsfaktor, weiß Lampe. *»Die Wirtschaft hat das längst begriffen.«* Deshalb sieht man mit großer Freude, dass auch die Wissenschaft inzwischen mit am selben Strang zieht. *»Je mehr Exzellenz sich zusammentut, um so attraktiver wird die Region auch wirtschaftlich.«* Als die Entscheidung für ICAMS gefallen war, suchte man die Besten in der Wissenschaft und fand Bochum. *»Das war durchaus ergebnisoffen«*, erklärt Lampe.

Für Elmar Weiler, den Rektor der RUHR-UNIVERSITÄT BOCHUM (RUB), ist ICAMS *»paradigmatisch für die Zusammenarbeit zwischen Wissenschaft und Wirtschaft«*. Mit 24 Millionen Euro Volumen ist das ICAMS zwar ein gewichtiges Zeichen der neuen Zeit, aber nicht das einzige. Derzeit entwickelt sich ein Industriestandort um die RUHR-UNIVERSITÄT herum. *»Die Veränderungen werden hier insgesamt als dramatisch empfunden«*, sagt Weiler.
Technologieentwicklung ist wichtig für die Region im Strukturwandel, dafür wird geforscht und ausgebildet. Mit 30.000 Studierenden ist die RUB eine der größten deutschen Universitäten, in Bochum ist sie der drittgrößte Arbeitgeber. Die große Mehrheit der Studierenden kommt aus der Region, es gibt 15 Prozent Ausländer aus 30 Ländern, denen es nicht schwer gemacht wird.

»Keine Universität sollte sich zu schade sein, etwas zur Anwendung zu bringen«

»Das Ruhrgebiet ist eine Integrationsmaschine«, sagt Weiler. *»Man ist hier nicht borniert.«* Pragmatismus trifft auf Bescheidenheit, und Neuankömmlinge werden sofort integriert. *»Darüber freuen sich übrigens auch die Neuberufenen«*, sagt der Rektor. Wie alle anderen werden sie von der Integrationsmaschine freundlich erfasst – woanders kann so etwas lang dauern. *»Dieses integrieren Können ist eine Stärke der Region«*, sagt der Bochumer. *»Das alles zusammen prägt die Universität.«* Wie insgesamt im Revier geht es unideologisch und eher zupackend zu. *»Natürlich haben wir einen Bildungsauftrag«*, sagt der Rektor. *»Und den nehmen wir auch sehr ernst. Aber keine Universität sollte sich zu schade sein, etwas auch zur Anwendung zu bringen.«*

Universität an der Ruhr

Kurt Biedenkopf, der erste Rektor der RUB, sagte 1967, es sei die Aufgabe der neuen Universität *»die Prinzipien einer offenen Ordnung gegen die verfestigten Strukturen traditioneller Gefüge durchzusetzen«*. Dabei sei es notwendig, *»dem Arbeiter«* zu verdeutlichen, *»dass die Ausbildung seiner Kinder die althergebrachte Ordnung nicht gefährdet (...), sondern als Prestigezuwachs gewertet werden kann«*. 40 Jahre später, nachdem die ersten Generationen Akademiker »produziert« sind, ist die Botschaft angekommen. Die Arbeiterschicht war zunächst skeptisch gegenüber allem, was mit Universität zu tun hatte, und es war schwer, die Hochschulen in den Städten zu verankern. Doch Experten wie der Wirtschaftshistoriker Dietmar Petzina, ehemaliger Rektor der RUHR-UNIVERSITÄT und früherer Leiter des *ZEFIR*, wissen auch, dass keine andere deutsche Region letztlich so vom Bildungsaufbruch der 60er-Jahre profitiert hat wie das Ruhrgebiet. Der Anteil der Studierenden aus Arbeiterfamilien stieg rasant, davor hatte es einen massiven Ausbau des Schulwesens gegeben. Im Reformjahrzehnt entstanden 24 neue Realschulen, 21 Gymnasien und 15 Gesamtschulen. Bis 1960 hatten in Nordrhein-Westfalen noch 66 Prozent eines Jahrgangs die Volksschule besucht. Petzina: *»Es war eine Revolution!«* Und der Historiker Klaus Tenfelde, Direktor des Instituts für Soziale Bewegungen an der RUB, spricht gar von einer *»Scharnierzeit der Sozialgeschichte«*. *»Die neuen Hochschulen haben den Strukturwandel befördert, wurden Inkubatoren für neues Bürgertum, nahmen aber ihrerseits ruhrspezifische Konturen an«*, erklärt Petzina. *»Familiär durch kleinbürgerliche oder Arbeiterherkunft geprägt; nüchtern-pragmatisch und beruflich am Leitbild des Großunternehmens oder der öffentlichen Verwaltung orientiert; kulturell dem großen Experiment abhold.«* Nachdem das Ruhrgebiet für lange Zeit als wohl größter Nettoexporteur an klugen Köpfen angesehen werden musste, weil es keine Arbeit für sie gab, geht man inzwischen davon aus, dass die Absolventen der Hochschulen eher im Revier bleiben.

Studierende an den Ruhruniversitäten sind immer noch vorwiegend Arbeiterkinder, das Studium dient eher dem sozialen Aufstieg als der Selbstverwirklichung. Und so schwierig der erste Kontakt zwischen Universität und Revier auch war: Heute braucht das Ruhrgebiet seine Hochschulen, um sich neu zu erfinden. Konkurrenz ist dabei nur unproduktiv; die Rivalitäten zwischen den einzelnen Städten hatten zum Teil legendäre Züge angenommen. Deshalb schlossen sich die Universitäten Duisburg-Essen, Bochum und Dortmund in einem neuen westfälischen Frieden zu einer Allianz zusammen. Es gibt gemeinsame Studiengänge,

Das *ZEFIR* – Zentrum für Interdisziplinäre Regionalforschung (bis 2008 »Ruhrgebietsforschung«) ist ein vollständig drittmittelfinanziertes Institut, in dem man anwendungsorientierte sozialwissenschaftliche Grundlagenforschung zu regionalen Prozessen betreibt, die im Ruhrgebiet vor allem den Strukturwandel betrifft. Die Aufträge kommen häufig von Kommunen und Gebietskörperschaften, die Handlungsoptionen für diese schwierigen Prozesse benötigen.

die Ingenieure hatten schon eine gemeinsame virtuelle Fakultät, die »Wissensregion Ruhrgebiet« wird mehr und mehr wahrgenommen, freuen sich die Rektoren. Auch international. Seit 2007 hat die Allianz ein Büro im German House in New York, Sitz vieler Außenstellen deutscher Wissenschaftsorganisationen und Universitäten. Die ersten Verträge mit US-amerikanischen Ivy League-Universitäten sind schon unter Dach und Fach.

Dietmar Petzina: Strukturwandel in altindustriellen Regionen. Nord/Pas-de-Calais und das Ruhrgebiet im Vergleich. In: Eck, Friedemann, Lauschke (Hrsg.), Revue du Nord, Nr. 21, 2006.

Internationalität, eine quasi natürliche Eigenschaft der Wissenschaft, ist kein Widerspruch zur Positionierung in der Region – ganz im Gegenteil. Da sind sich die Kenner einig, auch in der Wirtschaft. Erst das Standbein in der Region mit Netzwerken, Freunden, Verbündeten schafft den sicheren Stand für den Auftritt auf der Weltbühne. Das weiß auch die Bergbauzulieferindustrie im Ruhrgebiet, die auf lange Erfahrung und ausgezeichnete Kompetenzen zurückgreifen kann.
Bergbau? Im Ruhrgebiet?

SPROCKHÖVEL

Wenn man auf dem Hellweg weiter nach Osten fährt, bei Lütgendortmund einen kleinen Schlenker nach Süden macht, kommt man nach Sprockhövel, was soviel wie Wacholderhügel meint, als die Wiege des Ruhrbergbaus gilt und ein Zentrum der Bergbauzulieferindustrie ist. Auch wenn von den ehemals 280 Schachtanlagen im 19. Jahrhundert heute nur noch sechs in Betrieb sind.

»*Man hat von Anfang an darüber nachgedacht, wie man der Krise begegnen könnte*«, sagt Peter Jochums, Chef der Maschinenfabrik HAUHINCO, die sich als Bergbauzulieferer auf Hydraulik spezialisiert hat. Jochums ist Vorstand des Fachverbandes Bergbaumaschinen im Verband Deutscher Maschinen- und Anlagenbau (VDMA), der seit 1890 existiert; in 21 von 31 seiner Teilbranchen ist Deutschland Weltmarktführer. Exportiert hat man zwar auch schon vor den Bergbaukrisen in den 50er- und 60er-Jahren, aber damals hatte man in der Region noch genug zu tun. »*Unsere Produkte wurden uns aus den Händen gerissen.*« Heute liegt die Exportquote der Bergbauzulieferindustrie bei 86 Prozent.
Eine weitere Erfolgsstrategie heißt: diversifizieren. Was früher Untertage den Vortrieb gab, ist heute vielleicht ein 20 Tonnen schweres Windradgetriebe. Hydraulische Pumpen, vormals im Bergbau eingesetzt, arbeiten heute in Stahl- oder Presswerken. »*Wir haben Erfahrung mit großen Maschinen*«, sagt Jochums nur. Man musste nicht einmal viel anpassen, sondern nur auf die Idee kommen, es zu tun. »*Die Produkte konnten das schon.*«
Die notwendige Forschung findet in der eigenen Firma statt. HAUHINCO geht aber auch gezielt an die Hochschulen der Region – etwa die Fachhochschulen in Dortmund oder Bochum –, bietet Praktika an, verabredet Diplomarbeiten und sichert sich so den eigenen Firmennachwuchs, bevor »die Großen« die guten Leute erbeuten – ein hinlänglich bekanntes Problem vieler Mittelständler.
»*Gute Leute brauchen wir aber nicht nur für die Produktentwicklung*«, sagt Jochums, »*sondern vor allem für das Prozess-Know-how*«, das nach Schätzung von Experten immerhin ca. 80 Prozent des deutschen Exportvolumens ausmacht.
Und wieder werden ihnen die Produkte aus der Hand gerissen. Heute macht die einst totgesagte Branche drei Milliarden Euro Umsatz jährlich, hat deutlich zweistellige Wachstumsraten, ist weltweit unterwegs und zu 80 Prozent im Ruhrgebiet beheimatet.

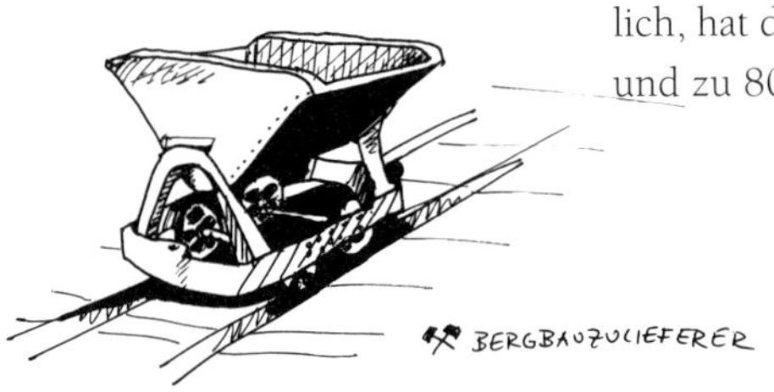

Von Sprockhövel geht es wieder ein paar Kilometer nach Norden – bei Lütgendortmund erreichen wir wieder den Hellweg oder Ruhrschnellweg, der uns nach Dortmund bringt, das den Hellweg sogar in einigen seiner Straßennamen führt.

DORTMUND

Zu den Zeiten der Hanse war Dortmund eine eminent wichtige Stadt. Das »Dortmunder Stadtrecht« diente vielen Städten als Rechtsgrundlage, und über Jahrhunderte war es der Mittelpunkt des mündlichen (germanischen) Rechts für das gesamte Heilige Römische Reich Deutscher Nation. Schon 1293 war der Stadt das Braurecht verliehen worden, ein Privileg, das zu einer langen und berühmten Dortmunder Tradition wurde.

Nach dem einstigen Niedergang im Dreißigjährigen Krieg begann ab der Mitte des 19. Jahrhunderts durch die Kohleförderung und Stahlverarbeitung der erneute Aufstieg Dortmunds und der Wandel zu einer Industriestadt. Doch wie kaum eine andere Stadt im Revier wurde Dortmund in der Krise deindustrialisiert. In der Zeit von 1960 bis 1994 verringerte sich die Zahl der Industriebeschäftigten von 127.000 auf 37.000 Personen.

Das »DORTMUND-PROJECT« entwickelte neue Leitbranchen, die Kohle, Stahl und Bier ablösen sollten. Logistik, Mikrosystemtechnik, Informations- und Kommunikationstechnologien, Biomedizin und Energietechnik hießen die »Neuen«. Die aber brauchen Wissenschaft.

»Es gab einen Konsens zwischen Hochschulen, Wirtschaft und Stadt, dass man etwas tun müsse«, sagt Eberhard Becker, der Rektor der TECHNISCHEN UNIVERSITÄT DORTMUND, nachdem in den 80er-Jahren mit dem endgültigen Zusammenbruch der Montanindustrie Abhilfe nottat. Die Gründung der Universität war bereits 1968 ein starkes Signal für den Strukturwandel gewesen. Man schuf darüber hinaus Technologiepark und Technologiezentrum, inzwischen zählt man in Dortmund 2.600 Wissenschaftlerinnen und Wissenschaftler und 34.000 Studierende. Im März 2008 schließlich erneuerten Wissenschaft und Wirtschaft ihre Verpflichtung für den »Innovationsstandort Dortmund«, bei dem sie sich zu einem Netzwerk zusammengeschlossen haben. Hier erfahren Unternehmer, wo in der Nähe die Expertise ist, die sie brauchen. Alle machen mit, die Hochschulen der engeren Region, die Verbände, die Kammern und die Technologiezentren – sie wissen, warum. Rektor Becker lässt

keinen Zweifel am Sinn dieser gemeinsamen Anstrengungen, mahnt allerdings auch ein wenig zur Umsicht. »Mitunter sind, was legitim ist, die Interessenshorizonte von Wissenschaft und Wirtschaft unterschiedlich«, sagt er. Auch in Dortmund weiß man, dass falsche Erwartungen beiderseits der stärkste Verhinderer gelingender Kooperation sind.
Und der Druck, der durch bloße und immer wiederkehrende Appelle zur Kooperation erzeugt würde, sei auch nicht nur förderlich. Viel wichtiger sei es, zu gemeinsamen Aktionen zu gelangen.
In Dortmund geschieht das gerade.

»Das direkte Gespräch ist wichtig, die persönliche Kommunikation«

»Mit dem Thema Verständigung von Wissenschaft und Wirtschaft ist man nie am Ende«, sagt auch Gisela Schäfer-Richter, Informatikprofessorin und für Forschung und Transfer zuständige Prorektorin an der FACHHOCHSCHULE DORTMUND. Da in Zeiten von Globalisierung und Spezialisierung aber auch kleinere und mittlere Betriebe, die das Gros der Wertschöpfungskette erwirtschaften, wissenschaftlichen Input brauchen, müssten die Hochschulen in der Region gerade diese Unternehmen ansprechen, findet sie. *»Für die Hochschulen wird die Kooperation mit der Wirtschaft zunehmend interessant, weil die öffentlichen Zuwendungen an Drittmittel aus der Wirtschaft gekoppelt sind«*, erklärt Schäfer-Richter, die sich intensiv für die Verständigung zu beiderseitigem Nutzen engagiert und dies auch als Vorstandsvorsitzende der »InnovationsAllianz« aller großen Hochschulen in Nordrhein-Westfalen tut. Wie Becker ist Schäfer-Richter vom Konzept des »Innovationsstandorts Dortmund« überzeugt. Sie nennt zudem einen Punkt, der nicht unterschätzt werden dürfe: *»Das direkte Gespräch ist wichtig«*, betont sie, *»die persönliche Kommunikation«*. Und sie fügt hinzu, was leidenschaftliche Planer und Konzeptentwickler, deren Arbeitsgerät das Reißbrett ist, nur ungern hören: *»Viele gute Ideen entstehen zufällig.«* Im Gespräch von Entwicklern und Anwendern.
Nicht zufällig entstanden die Stärken der FH DORTMUND, die aber nicht nur in den innovativ technologielastigen Bereichen liegen, sondern wo es auch einen hoch renommierten Fachbereich Design gibt. Und strukturwandelerfahren, wie Dortmund nun einmal ist, hat man hier ein innovatives Instrument geschaffen, nämlich die »Culturepreneurship-Initiative«. Denn es sind nicht die Ingenieure

und Naturwissenschaftler, die die meisten Firmen gründen – schon gar nicht in Zeiten, in denen überall ihre Knappheit beklagt wird –; es sind vielmehr Kreative mit Geschäftssinn und Risikobereitschaft, die den Weg in die Selbstständigkeit beschreiten. Ein zukunftsweisendes Dortmunder Unterfangen, wenn man weiß, dass die Kreativwirtschaft in Deutschland schon nahezu Umsätze wie die Autoindustrie einfährt.
Es muss nicht immer – nur – Hightech sein ...

»Die Zeit ist reif für Superhelden aus dem Ruhrgebiet«

»Spiderman hat ausgedient, die Zeit ist reif für neue lokale Helden – Superhelden aus dem Ruhrgebiet.« Der Dortmunder Kommunikationsdesigner Arne Schulenberg erfand daher zusammen mit dem Wuppertaler Wirtschaftswissenschaftler und Marketing-Spezialisten Eric Wünsche ein neues Unterhaltungs- und Werbemedium – den Online-Foto-Comic »UNION DER HELDEN«, in dessen Handlung sich jedes Produkt einbauen lässt, für das man werben möchte.
Bisher seien Comics in Deutschland stark unterschätzt: *»Viele halten sie nach wie vor für Kinderkram. In Wahrheit jedoch handelt es sich um ein eigenständiges Kommunikationsmedium, mit dem man seinen Lesern jegliche Art von Information vermitteln kann«*, sagen die Gründer der Werbeagentur »Eric Wünsche und Arne Schulenberg GbR – Kommunikation per Wort, Bild und Button«. Die Nachteile von häufig als enervierend empfundener Onlinewerbung oder simplen Werbebannern werden im Online-Foto-Comic umgangen. *»Wenn die Unterhaltung stimmt, stören sich die User nicht an der Werbung in der Geschichte«*, so das Credo der Agentur.
Die »Union der Helden« zählte 2007 zu den TOP 20 beim überregionalen START2GROW-Gründungswettbewerb für Gründungen im IT-Bereich.
Seit 2008 ist die Geschichte über Marc, einen Studenten aus Dortmund, der in einer Parallelwelt ein unerschrockener Superheld ist, unter www.unionderhelden.de zu lesen und wird montags, mittwochs und freitags mit neuen Fotos bestückt. Sie erscheint in deutscher und englischer Variante. Eric Wünsche: *»Unser Ziel besteht darin, auf 50.000 Klicks monatlich zu kommen, um den Foto-Comic als ein etabliertes Werbemittel in den Unternehmen zu präsentieren.«*
Ein anderes Ziel der Helden: Standortmarketing fürs Ruhrgebiet.

Das »Heldenepos« schrieb
IRENE WINTER

DIE NEUERFINDUNG DES RUHRGEBIETS

Während die Montankrise keinen Stein auf dem anderen ließ, reifte die Erkenntnis, dass man in einem Ballungsgebiet von sechs Millionen Menschen ohne eine einzige Universität lebte. Man setzte zu einem bildungspolitischen Kraftakt an, baute Schulen, Fachhochschulen und Universitäten. Über 100 Forschungseinrichtungen wurden gegründet und angesiedelt. Die einst größte montanindustrielle Region Europas verwandelte sich in eine der größten europäischen Wissenschaftsregionen, und die belebt die Wirtschaft und das Selbstbewusstsein. Dann vertrieb man Heavy Metal und Brikettregen aus dem Gemüt.

HIGHTECH

Materialforschung, IT, Medizintechnik, Gesundheitswirtschaft und -wissenschaft, Umwelt- und Solartechnik, Energietechnik, Logistik, weltweit führende modernste Hochofentechnik.

HEIMATKUNDE

Die Wirtschaft schließt sich in Initiativen und die Wissenschaft in Allianzen zusammen – mit klarem Bekenntnis für die Region.
Neu erwachter Stolz auf die eigene Geschichte, ohne der Vergangenheit nachzutrauern.
Der Wille, die »Integrationsmaschine« Ruhrgebiet in Gang zu halten.
Pragmatismus und Bescheidenheit.
Und das Wissen, dass längst noch nicht alles getan ist.

Universität Duisburg-Essen
www.uni-duisburg-essen.de/
Evers GmbH, Oberhausen
www.eversgmbh.de/
Fachhochschule für Ökonomie & Management, Essen
www.fom.de/
ThyssenKrupp AG, Essen
www.thyssenkrupp.de/

Initiativkreis Ruhrgebiet
www.i-r.de
Stifterverband für die Deutsche Wissenschaft
www.stifterverband.de
Ruhr-Universität Bochum
www.ruhr-uni-bochum.de/
ICAMS
www.icams.rub.de/icams.htm

ZEFIR
Zentrum für interdisziplinäre Regionalforschung
www.ruhr-uni-bochum.de/zefir/
Technische Universität Dortmund
www.uni-dortmund.de/
Hauhinco-Maschinenfabrik G. Hausherr, Jochums GmbH & Co. KG
www.hauhinco.de/

Fachhochschule Dortmund
www.fh-dortmund.de/
dortmund-project
www.dortmund-project.de/
Union der Helden, Dortmund
www.unionderhelden.de/

EIN PROGRAMM FÜR STADT UND LAND –
DIE STADT DER WISSENSCHAFT

Manchmal weiß man selbst nicht, wie gut man eigentlich ist. Man klagt so vor sich hin und hätte eigentlich gar keinen Grund dazu. Zumindest was die Wissenschaft angeht, wissen viele Städte samt ihren Bewohnern – selbst gut informierten – nicht, was für Juwelen sie in ihren wissenschaftlichen Schatzkammern haben. Doch da konnte man helfen, und der STIFTERVERBAND tat es. Eigentlich schon seit 1999, als das Aktionsprogramm PUSH – Public Understanding of Sciences and Humanities – das Licht der Welt erblickte und fortan für Aufklärung in Sachen Wissenschaft in der Gesellschaft sorgte. Anfangs als vermeintliches »Marketingkonzept« durchaus skeptisch beäugt, sind sich heute alle einig, dass der Schub von PUSH die Initialzündung für einen breiten Dialog zwischen Wissenschaft und Öffentlichkeit war. Der Bedarf an Wissen über Wissenschaft ist gestiegen – was nicht immer gleichbedeutend ist mit Akzeptanz – wie man längst weiß. Aber gerade die kritische Auseinandersetzung mit der Wissenschaft ermutigt sie zunehmend, sich selbst als wesentlichen Teil einer modernen Zivilgesellschaft zu sehen, anstatt ihr fremd und belehrend gegenüberzustehen.

Seit 2005 gibt es etwas Neues. Beim Wettbewerb »Stadt der Wissenschaft« den der STIFTERVERBAND in Partnerschaft mit dem Deutschen Städtetag ausrichtet, soll ein ganzes Jahr lang die Wissenschaft in einer Stadt die Hauptsache sein. Im Mai 2003 wurde zum ersten Mal ausgeschrieben, im Dezember 2003 lagen nicht weniger als 37 Bewerbungen aus allen Teilen des Landes vor – ein riesiger Erfolg, mit dem niemand gerechnet hatte. Unter den Städten, die ins Rennen gegangen waren, gab es größere wie Hamburg oder Leipzig, kleinere wie Wismar oder Paderborn. Gekürt und mit 125.000 Euro sollte diejenige Stadt belohnt werden, die ihr wissenschaftliches Potenzial erkennt, damit für ihre Bürgerinnen und Bürger einen Identifikationswert schafft und die sich nachhaltig für die Schaffung von Netzwerken zwischen Wissenschaft, Wirtschaft und Kultur einsetzt.

»Der Anspruch im Wettbewerb ist hoch«, sagt Andrea Frank, Programmverantwortliche und Organisatorin des Wettbewerbs. »Der Stifterverband erwartet von der ›Stadt der Wissenschaft‹, dass sie ein überzeugendes Gesamtkonzept vorlegt, aus dem hervorgeht, wie sie das vor Ort vorhandene wissenschaftliche Potenzial nutzen, bündeln und mit Einrichtungen der Wirtschaft und der Kultur vernetzen will.« Besonders wichtig ist dabei, dass man nicht unter sich bleibt, Bürgerinnen und Bürger einbezieht und Nachhaltiges für Stadt und Region tut.

Gefordert sind ein breites Spektrum an unterschiedlichen Aktivitäten und Formaten, mit dem möglichst viele verschiedene Zielgruppen und Teilöffentlichkeiten erreicht werden, Originalität der Konzepte, interdisziplinäre Ansätze, Kooperationen zwischen Hochschulen und außeruniversitären Partnern, Kooperationen zwischen Wissenschaft und Wirtschaft wie etwa Technologieparks oder Existenzgründungen, aber auch Kooperationen von Wissenschaft mit Kunst und Kultur.

Im Laufe des Wettbewerbs stellte sich heraus, dass gerade nicht die klassischen Universitätsstandorte in die Endrunden einzogen, sondern eher kleine Städte, Städte im Osten oder solche, die in der öffentlich-wissenschaftlichen Wahrnehmung völlig zu Unrecht im Schatten der süddeutschen Cluster stehen.

Die Hochschulen in den Städten der Wissenschaft sind nicht alle klein, aber alle schnell und beweglich und immer bereit, sich von alt gewordenen akademischen Gepflogenheiten zu verabschieden, die aus anderen Zeitaltern und aus anderen gesellschaftlichen Konstellationen stammen. Die Stadt der Wissenschaft zwingt die Wissenschaft insgesamt, sich zu öffnen, zwingt die Kaufleute zu erkennen, dass auch sie nicht alles allein können, zwingt die Bürgerinnen und Bürger, sich mitunter von ebenfalls alt gewordenen Selbstzuschreibungen zu verabschieden und zu akzeptieren, dass die Herausforderungen des 21. Jahrhunderts nicht mit alleiniger Rückbesinnung auf den eigenen Sprengel oder auf eine große Vergangenheit, nicht mit Abschottung und Angstreflexen vor dem Einbruch fremder Realität zu meistern sind. Stadt der Wissenschaft ist Strukturpolitik und Horizonterweiterung, ist Impuls gegen die typisch deutsche Dauerklage über schlechte Zeiten, und ein Ergebnis nennen alle Gewinnerstädte: »*Wir hätten auch weitergemacht, wenn wir nicht gewonnen hätten.*« Viele haben weitergemacht, ohne gewonnen zu haben, weil ihnen ein Licht aufgegangen ist, das sie vorher selbst unter den Scheffel gestellt hatten. So Mancher bezeichnet den Wettbewerb schlicht als »genial«. Auch die Wettbewerbspartner Dresdner Bank, Würth, EuroHypo und PricewaterhouseCoopers sind mit den Ergebnissen ihres Engagements zufrieden.

Das Bremer »Haus der Wissenschaft« ist ständig ausgebucht (SdW 2005), Dresden boomt mit Silicon Saxony (SdW 2006), die »Ideenküche« Braunschweig kocht weiter und freut sich über schmackhafte Joint Ventures (SdW 2007), in Jena wird weiter am scharfen Durchblick geschliffen (SdW 2008) und »Übermorgen« geht es weiter in Oldenburg (SdW 2009). Nach einer kurzen Pause geht der Wettbewerb 2011 weiter.

Die beiden folgenden Kapitel über den Norden und den Osten Deutschlands zeigen die Städte der Wissenschaft als Best-practice-Beispiele für das gute Miteinander zum Vorteil von Stadt und Land.

STADT DER WISSENSCHAFT

WEITSICHT

DER NORDEN UND SEINE STÄDTE DER WISSENSCHAFT

OLDENBURG – BREMEN – BRAUNSCHWEIG

Drei Städte der Wissenschaft sind Leuchttürme der norddeutschen Tiefebene, und wer bislang die Gegend im Nordwesten Deutschlands vor allem mit Deichen und Windrädern in Verbindung brachte und im Herzen Niedersachsens den Takt einer Autofabrik schlagen hörte, hat ganz Recht. Nur anders als gedacht.

DEN WEITEN BLICK MUSS MAN AUSHALTEN KÖNNEN.

Wer die Sicherheit einer nahen Berg- oder Hügelkette braucht, die Geborgenheit des engen Tals, der ist hier falsch. Im Norden ist der Blick auf unendlich gestellt, und das Selbstverständnis großer Teile Norddeutschlands ist maritim. Der Name Niedersachsen – denn hier sind wir zunächst – geht auf ganz reale Sachsen zurück, einen germanischen Volksstamm, der ab dem 3. Jahrhundert aus seiner holsteinischen Heimat über die Elbe nach Süden vordrang. Der Zusatz »Nieder-« stammt bereits aus der frühen Neuzeit und unterschied das alte Sachsenland von den später aus dynastischen Gründen (Ober-)Sachsen genannten mitteldeutschen Fürstentümern. Die meisten Vorgängerstaaten des Landes Niedersachsen waren Teilfürstentümer des mittelalterlichen welfischen Herzogtums Braunschweig-Lüneburg. Zwei Gebiete hatten aber stets ihre staatliche Autonomie behalten. Außer Schaumburg war dies das Großherzogtum Oldenburg.

OLDENBURG

Wer auf der Handelsstraße von Bremen nach Jever unterwegs war, fand an einer Stelle, an der heute der Marktplatz von Oldenburg liegt, einen leichten Übergang über die Hunte, den kleinen Fluss, an dem die 900 Jahre alte »gemütliche Großstadt« heute liegt. Neoklassizistisch und historistisch ist das Innenstadtbild, ein großherzogliches Barockschloss, die Lambertikirche mit ihren fünf Türmen und die charakteristischen kleinen Bürgerhäuser, die »Oldenburger Hundehütten«, prägen das Bild.

Den sympathischen Ruf als »gemütliche Großstadt« mit 160.000 Einwohnern will Oldenburg nicht gänzlich aufgeben, aber es reicht nicht mehr, findet man im hohen Nordwesten. Als »Stadt der Wissenschaft« 2009 will Oldenburg sich zur »Übermorgenstadt« beschleunigen, und der Blick nach vorn ist als Leitbild für die Stadtentwicklung gedacht. Wind und Meer bestimmen die Forschungsthemen. Küsten- und Klimaforschung sowie Energietechnologie insgesamt stehen hoch im Kurs, aber vor allem die hightechlastige und wirtschaftlich hoch relevante Windtechnologie gibt Schub für den Weg nach »Übermorgen«.

Medizinische Physik und Neurosensorik treffen sich im Schwerpunkt »Hören in Niedersachsen«; die größte Informatik Nieder-

sachsens ist in Oldenburg zu Hause, und hierher kommen 60 Prozent aller Lehrer des Bundeslandes. Das erst vor wenigen Jahren errichtete TECHNOLOGIE- UND GRÜNDERZENTRUM OLDENBURG muss bereits erweitert werden. Die mittelständisch geprägte oldenburgische Wirtschaft ist mit etlichen Branchen hightechlastig wie etwa im »Automotive Cluster« oder in der Medizintechnik. Besonders gilt dies aber für den gesamten Energiebereich, in dem sich ein starker Cluster »Erneuerbare Energien« entwickelt.
Wer also die Gegend im Nordwesten Deutschlands auf halbem Wege nach Ostfriesland bislang vor allem mit Deichen und Windrädern in Verbindung gebracht hat, hat sicher Recht. Aber sicher anders als gedacht. Oldenburgs Programm für die »Stadt der Wissenschaft« verbindet die Stärken von Stadt und Region und leistet sich sogar ein Augenzwinkern. Die »Wissenschaftsgeisterbahn« zeigt die Abgründe des Forschens – sicher auf angenehm gruselige Art.

Aufbruch heißt im norddeutschen Oldenburg nicht etwa, dass man aufgeregt ist. Auch nicht an der CARL VON OSSIETZKY UNIVERSITÄT, die mit rund 10.000 Studierenden und etwa 80 Studiengängen zu den mittelgroßen Universitäten gehört. Die Gründung kam spät, doch ihre Wurzeln reichen bis in das Jahr 1793 zurück, als Herzog Peter Friedrich Ludwig von Oldenburg ein Lehrerseminar errichtete, aus dem 1929 die Pädagogische Akademie und, nach Unterbrechung des Lehrbetriebs während des Zweiten Weltkrieges, 1948 die Pädagogische Hochschule Oldenburg hervorging. 1973 wurde schließlich die Universität gegründet, seit 1991 trägt sie den Namen »Carl von Ossietzky«.
In Oldenburg forscht man wirtschaftsrelevant und weiß dabei genau, was schief gehen kann. *»Sehr viel«*, erklärt Uwe Schneidewind, Professor für Betriebswirtschaft und ehemaliger Präsident der Universität. Am gefährlichsten sei es, falsche Erwartungshorizonte aufzumachen, vor lauter »Offenheit« zu signalisieren, man könne ad hoc das Detailproblem des Mittelständlers lösen. *»Zusammenarbeit insgesamt funktioniert ganz anders, vor allem braucht es Zeit.«*
Was gut funktioniert, sind vor allem die nicht ganz so strengen Formate des Zusammentreffens, und wichtig ist es auch, die Codes der Region zu beherrschen, um Zugang zu den »richtigen Kreisen« zu haben. Vor allem für die Wissenschaft, die für die meisten Menschen »immer noch ein bisschen abstrakt« ist. Inzwischen hat die Universität sieben Stiftungsprofessuren von der heimischen Wirtschaft.

»Kooperationen gelingen natürlich da am besten, wo die Industrie Input braucht«, sagt der Wirtschaftswissenschaftler. Etwa bei einem Megaprojekt wie dem »Jadeweserport«, dem Container-Tiefwasserhafen in Wilhelmshaven, oder vor allem ganz aktuell durch die Neustrukturierung der Energiemärkte. Die Windenergieindustrie, bei der das Geschäft kräftig anzieht, lässt vor allem im Nordwesten forschen. Die riesigen Offshoreparks kann die Industrie ohne wissenschaftlichen Input gar nicht mehr betreiben. Und dabei geht es nicht nur um Hightech und Ingenieure. Man braucht Akzeptanzstudien, Expertise in Internationalem Seerecht und bei Sicherheitsfragen. Das kann ein Unternehmen allein gar nicht mehr.

»Kooperationen gelingen da am besten, wo die Industrie Input braucht«

Warum sollte ein Unternehmen das auch allein tun, wenn es eine Universität in der Nähe hat? *»Wir leben von der Wissenschaft«*, sagt Werner Brinker, Vorstandsvorsitzender der EWE, des größten Energieversorgers der Region mit Sitz in Oldenburg. Ohne eigene starke hausinterne Forschung müsse man mit den Hochschulen kooperieren, und so gab es einen feierlichen Spatenstich im Januar 2008 dort, wo seit 2009 das *EWE-Forschungszentrum für klimaschonende Energietechnologie*, ein An-Institut an der Universität Oldenburg, stehen wird. 50 Wissenschaftler werden interdisziplinär neue umweltverträgliche Technologien für die Energiegewinnung entwickeln. Auch hier bündelt man die Kernkompetenzen der Region, schafft Arbeitsplätze und stärkt zudem einen der herausragenden Forschungskerne der Universität. Es verwundert nicht, dass die EWE Hauptsponsor der »Stadt der Wissenschaft« Oldenburg 2009 ist, mit weitem Blick auf die ganze Region war sie dies aber auch schon 2005 in Bremen.

EWE-Stiftung

Wissen und Erkenntnis sind Bausteine und Rohstoffe der Zukunft. Hochschulen und wissenschaftliche Einrichtungen leisten Aufbauarbeit, die der ganzen Region zugute kommen wird, findet man bei der EWE-Stiftung. Deshalb sieht man im Bereich Wissenschaft und Forschung einen Schwerpunkt der Arbeit. Die EWE-Stiftung trägt etwa zur Anschubfinanzierung von Stiftungsprofessuren auf dem Gebiet der Natur- und Ingenieurwissenschaften an Universitäten und Fachhochschulen bei oder unterstützt die Vergabe von Stipendien für neue Forschungsansätze.

»Unser Engagement ist auch eine Recruiting-Maßnahme«, sagt Brinker. Wie viele Unternehmen stellt man gern Leute aus der Region ein. Die sind gut ausgebildet, kennen die Gegend, und sie kennen die Kunden – was gut ist fürs Geschäft.

Gut fürs Geschäft in Oldenburg ist außerdem, dass man sich über Gründungsfaulheit nicht beklagen muss. Erst 2002 feierte man Richtfest, inzwischen wird es für die knapp 50 Mieter und diejenigen, die ständig dazukommen wollen, schon zu eng. Wie vieles in Oldenburg, ist auch das Technologie- und Gründerzentrum Oldenburg (TGO) auf Expansionskurs. *»Das TGO ist eine absolute*

Erfolgsstory, die wir mit der Erweiterung fortsetzen werden«, sagt Oberbürgermeister Gerd Schwandner, der sich zudem über mehr Arbeitsplätze und gestiegene Steuereinnahmen freut. Wer gründet, bleibt zumeist in der Region. Zwei, die die Universität mit dem Gründerzentrum vertauscht haben, wissen warum.

»Wir sind hier im Mekka der Windenergie«, sagt Matthias Lange, der 2004 zusammen mit seinem Kollegen Ulrich Focken die ENERGY & METEO SYSTEMS GMBH gegründet hat, ein Unternehmen, das die Energiewirtschaft mit Vorhersagen der Stromeinspeisung von Windparks und Solaranlagen für die nächsten Tage beliefert. Hier ist die Forschung, hier sind die Windparkbetreiber, die Zulieferer und die Planungsunternehmen. Die beiden promovierten Physiker haben sich aus der UNIVERSITÄT OLDENBURG ausgegründet, wo sie zuvor das Institut für Windenergieforschung FORWIND mit aufgebaut und als AG-Leiter betreut hatten. *»An der Uni kann man nicht beides tun«*, sagt Lange. *»Man kann nicht forschen, so wie es sein soll und gleichzeitig ein Wirtschaftsunternehmen sein.«* Nachdem sie erkannt hatten, dass ihr Vorhaben kommerziell erfolgreich sein könnte, beschlossen sie den Ausstieg – und würden diesen Schritt auch allen weiterempfehlen, die in der Praxis arbeiten wollen. Kooperationen mit der Universität gibt es natürlich, aber auf andere Art. *»Die Uni bildet die Leute aus, wir bilden sie weiter und übernehmen sie in den Betrieb.«* Die Kunden von ENERGY & METEO SYSTEMS sind inzwischen in der ganzen Welt, die Kompetenz ist im deutschen Nordwesten. *»Den Rückhalt braucht man auch.«* Inklusive Rückenwind für die Clusterbildung.

»Förderung aus der Wirtschaft ist nur sinnvoll, wenn sie die Themen aufgreift, die schon da sind«

Der kommt im Nordwesten auch von der Stiftung der OLDENBURGISCHEN LANDESBANK. *»Wir fördern die Wissenschaft, weil wir uns der Region verpflichtet fühlen«*, sagt Britta Silchmüller, die Unternehmen und Stiftung nach außen vertritt und auf einen oft übersehenen, aber überaus wichtigen Punkt aufmerksam macht. *»Förderung aus der Wirtschaft ist nur sinnvoll, wenn sie die Themen aufgreift, die schon da sind.«* Nur so könne man überhaupt dynamische Effekte erzielen und aufrecht erhalten.

Gute »Beschäftigungseffekte« für das eigene Haus erzielt die Bank unter anderem durch einen dualen Studiengang mit der »Hanse Law School«, einer gemeinsamen Inititive der Universitäten Oldenburg, Bremen und Groningen in den Niederlanden. Gut ausgebildete Mitarbeiter aus der Region sind das A und O für eine optimale Betreuung der privaten und der mittelständischen Geschäftskunden. Man muss einfach gut miteinander können. So wie auch in der Kooperation zwischen Wissenschaft und Wirtschaft, findet Britta Silchmüller. *»Am Ende sind es immer die Personen, die etwas vorantreiben«.*

Nowetas und andere Neuigkeiten in der Kooperation

Die Region mit Wind und Meer und die dazugehörige Kompetenz ist »Ressource und Katalysator« für die Profilbildung einer kleineren Universität im Nordwesten, die sich mit anderen Hochschulen, darunter eine größere, zusammentut, um Synergieeffekte zu erzielen. Dass hierbei zwei Städte der Wissenschaft aufeinandertreffen, ist vielleicht kein Zufall. »Profil und Kooperation – Exzellenzstrategien für kleinere und mittlere Hochschulen« ist ein Programm des STIFTERVERBANDES und der HEINZ NIXDORF STIFTUNG, das in den weit reichenden Umstrukturierungsprozessen der Hochschullandschaft innovative und nachhaltige Konzepte fördert. *siehe: »Ein Programm für Klein und Groß«, Seite 128*

Auch hier ist Oldenburg durchgestartet. Die CARL VON OSSIETZKY-UNIVERSITÄT fuhr Fördergelder in die Scheuer für ein überzeugendes Kooperationskonzept mit der UNIVERSITÄT BREMEN, der Bremer JACOBS UNIVERSITY und der UNIVERSITÄT GRONINGEN in den Niederlanden, in dem man auf die wachsende wirtschaftliche Bedeutung der Schlüsselcluster »Erneuerbare Energien« und »Maritime Logistik« setzt. Der Gewinn bringe aber nicht nur Geld, vielmehr freuen sich die Kooperationspartner auch über den Rückenwind für ein neues Konzept der bundesländerübergreifenden und internationalen Zusammenarbeit zwischen Wissenschaft und Wissenschaft zum einen sowie zwischen Wissenschaft und Wirtschaft andererseits. Dabei hat man sich ein innovatives Finanzierungskonzept ausgedacht.

Wirtschaftsrelevante Wissenschaftsspitzen

Problem:
Wissenschaftspotenziale der Metropolregion sind der zentrale Motor für die Wirtschaftsentwicklung. Doch noch sind sie nicht optimal miteinander vernetzt. Zudem fehlt eine systematische Verknüpfung zwischen den Wissenschaftseinrichtungen und den Unternehmen.

Lösung:
In der Initiative »Wirtschaftsrelevante Wissenschaftsspitzen« ist man nun dabei, die entsprechenden Informationen zu sammeln, zu sichten und aufzubereiten. »i2B« wird seit Januar 2009 in einer Auflage von 50.000 unter anderem über die Kammern verteilt. Die Kartierung erfasst Hochschulen sowie Branchen in Schlüsseltechnologiefeldern, soll Kooperationen verstetigen und eine weitere Vernetzung befördern.
www.i2B.org

NOWETAS heißt die Neue, NORD-WEST-UNIVERSITAS, und sie soll eine Stiftung sein. Ein Dach zudem für weitere Kooperationen an der Küste und für die Bündelung regionaler Ressourcen, die genug Schub verleihen, den »Cluster« international sichtbar zu machen.

Fernziel ist etwas Ähnliches wie das UNIVERSITY OF MARYLAND-System, ein Zwischending zwischen Autonomie der einzelnen Häuser und einem Gesamtkonzept. Das Land Niedersachsen stützt diese Clusterbildung mit der bremischen Schwester und unterstützt seine Universität im hohen Nordwesten. Schon jetzt gibt es gemeinsame Studiengänge, bei Berufungen stimmt man sich ab zwischen Oldenburg und Bremen, gemeinsam werden auch die Forschungsstärken identifiziert. Die Kooperation mit den Fachhochschulen der Region soll den weiteren Ausbau maritimer Technologie in Ausbildung und Anwendungsforschung ermöglichen.

Ehrgeiziges Ziel ist ein Bundesinstitut für Windenergieforschung, aber zuvor wird weiter gebündelt.

»Die Kooperation mit Oldenburg gibt es schon seit Ende 1990«, sagt Wilfried Müller, Rektor der Universität Bremen, und sie entwickelt sich *»unerwartet positiv«* weiter, seit man zu ihrer Belebung kürzlich einen neuen Kooperationsvertrag abgeschlossen hat. Man entwickelt Sondervereinbarungen, um länderübergreifend arbeiten zu können. Zudem soll ein Verwaltungsabkommen der Länder für die »Wissenschaftsregion Nordwest« geschlossen werden – ein sensationeller Fortschritt im Föderalismus, dem man ansonsten nur durch zupackendes Wesen und Kreativität begegnen kann, wenn man in der Wissenschaft länderübergreifend zusammenarbeiten will. *»In der Forschung ist das relativ einfach«*, sagt Müller. Sorge macht etwas anderes. Die Schultypen der beiden Bundesländer sind so unterschiedlich wie die zugehörigen Regelwerke. *»Die Lehrerausbildung«*, sagt der Rektor, *»ist ein tiefgehendes Schiff in der Kooperation«*.
Aber der Anfang ist gemacht.

Von Oldenburg nach Bremen fährt man am besten mit dem IC 2133, der die zwei Städte der Wissenschaft miteinander verbindet. Auf halber Strecke liegt Delmenhorst, das ein anderes schon »traditionelles« Kooperationsprojekt der Universiäten Oldenburg und Bremen beherbergt: das Hanse-Wissenschaftskolleg. Gegründet 1995, lädt es als »Institute of Advanced Study« Fellows aus aller Welt ein, um den wissenschaftlichen Austausch zu befördern. Von hier aus sind wir in etwa 20 Minuten in Bremen, dessen Anfänge als Kaufmannssiedlung bis ins 8. Jahrhundert zurückreichen.
Seit dem 12. Jahrhundert ist Bremen freie Reichsstadt, 1260 tritt es der Hanse bei und schüttelt schließlich die weltliche Herrschaft der Erzbischöfe ab. Roland und Rathaus werden Wahrzeichen für Freiheit und Bürgerstolz.

In einer lang anhaltenden wirtschaftlichen Krise, unter der besonders eines der bremischen Standbeine, die Werftindustrie litt, wurde der Bürgerstolz auf eine harte Probe gestellt. Doch mit zwei Universitäten, drei Hochschulen, zahlreichen außeruniversitären Forschungseinrichtungen, regionalen Unternehmen und weiteren Partnern waren zwei norddeutsche Schwestern unter der Dachmarke CITY OF SCIENCE BREMEN_BREMERHAVEN angetreten, um zu zeigen, wie man aus wirtschaftlicher Not eine wissenschaftliche Tugend machen kann. Indem man nämlich sein ganzes wissenschaftliches Potenzial als Motor für die Generalüberholung der Region nutzt. Das Kunststück gelang. BREMEN_BREMERHAVEN war 2005 die erste »Stadt der Wissenschaft«. Mit einem Programm, das alle Schichten der Bevölkerung ansprach, hatten die hanseatischen Schwestern das Rennen gemacht. Vor allem den Kindern der Region konnte man die oft spröde Kost schmackhaft machen, freuen sich rückblickend die Veranstalter. Schließlich kann man in Zeiten knappen wissenschaftlichen Nachwuchses nicht früh genug anfangen mit dem »recruiting«. Bei der Zusammenarbeit zwischen Wirtschaft und Wissenschaft in Bremen ging es nicht mehr um das »Ob«, sondern nur noch um das »Wie«. Insgesamt ist die Wissenschaft in der Stadt angekommen. *»Früher freute man sich über einen Sieg von Werder Bremen«*, lacht Albert Gerdes, einer der Koordinatoren von »Stadt der Wissenschaft«. *»Heute ist man auch stolz auf einen Erfolg unserer Forschungseinrichtungen.«*

STADT DER WISSENSCHAFT 2005 AUSGEZEICHNET DURCH DEN STIFTE

»Früher freute man sich über einen Sieg von Werder Bremen, heute ist man auch stolz auf einen Erfolg unserer Forschungs-einrichtungen«

Sechs Sonderforschungsbereiche, davon vier in den Ingenieurwissenschaften, sowie Forschungszentrum und Exzellenzcluster an der Universität sorgen national und international für beste Reputation. An der Hochschule Bremerhaven nutzt man die Stärken der Region und stellt sich explizit maritim auf. Der Bachelor-Studiengang Cruise Industry Management wurde 2006 vom Stifterverband als »Best Practice Reform Studiengang« ausgezeichnet. Die Hochschule kooperiert mit einem Schwergewicht der Forschungsregion, dem Alfred-Wegener-Institut für Polar- und Meeresforschung (AWI), woraus wiederum die Einrichtung des gemeinsamen virtuellen Instituts MarTech zur Entwicklung von meerestechnischen Analysemethoden hervorging. Maritim ist man auch am Max-Planck-Institut für marine Mikrobiologie, das Fraunhofer-Institut für Materialforschung und die Jacobs University Bremen sind weitere Juwelen in der »city of science«. Und seit 50 Jahren ist das Institut für Seeverkehrswirtschaft und Logistik in Bremen ansässig und bietet Expertise, die heute mehr denn je gebraucht wird.

Denn im Wirtschaftsleben der Hansestadt spielen die Häfen weiterhin eine wichtige Rolle. Bremen ist die Nummer 2 unter den Außenhandelsstandorten in Deutschland, Schnittpunkt internationaler Warenströme, Umschlagplatz jeglicher Güter aus aller Herren Länder, zentrale Adresse des Weltschifffahrtsverkehrs. Mehr als 10.000 Schiffe verbinden Bremen und Bremerhaven jährlich mit etwa 1.000 Häfen in allen Teilen der Erde, und europaweit führend ist Bremerhaven beim Autoumschlag. Rund 1,3 Millionen Fahrzeuge werden hier im- oder exportiert. Autobau und Luftfahrt, Elektronik und Stahl spielen eine ebenso gewichtige Rolle. Und natürlich baut man in Bremen auch Schiffe.

Im Bremer Wirtschaftsleben spielen aber mehr und mehr auch kleine Betriebe eine große Rolle. Besonders, wenn sie hightechlastig sind und im Technologiepark auf dem Bremer Universitätscampus zuhause sind. Der Technologiepark ist ein starkes Symbol für die Neuorientierung der Region, außerdem ist er einer der größten bundesweit. 320 Unternehmen mit etwa 6.200 Beschäftigten u.a. aus den Bereichen Information und Kommunikation, Mikrosystemtechnik, Umweltverfahrenstechnik, Mess- und Regeltechnik sowie Luft- und Raumfahrt haben sich inzwischen hier angesiedelt. Ein Drittel aller Patente des Landes Bremen wird hier entwickelt. Der größte Teil der Gründer kommt aus der Universität, erzählt Rektor Wilfried Müller.

»Die Hochschulen sind ein wesentliches Element der Wirtschaftsentwicklung in der Region«, fügt er hinzu. *»Die Patentbilanz spricht für uns.«* Zum »Wunder von der Weser« avancierte die Universität während der Exzellenzinitiative in den Medien: Insgesamt erhielt Bremen die beiden Graduiertenschulen BREMEN INTERNATIONAL GRADUATE SCHOOL OF SOCIAL SCIENCES (BIGSSS) und die meereswissenschaftliche Graduiertenschule GLOBAL CHANGE IN THE MARINE REALM (GLOMAR). Der geowissenschaftliche Exzellenzcluster THE OCEAN IN THE EARTH SYSTEM – MARUM, zugleich DFG-Forschungszentrum, war ebenfalls bewilligt worden. Nun wurde auch noch den letzten Zweiflern klar, dass sich in Bremen etwas getan hatte. Aber gut sind hier nicht nur die »Exzellenzen«. Materialwissenschaften und die Zentren in der Fertigungstechnik und Festkörperphysik, die KI-Forschung, die Logistik, die Kognitionsforschung, die Klima- und Umweltforschung sowie Gesundheits- und Pflegewissenschaften sind anerkannte Stärken der Universität. Es gibt 18.000 Studierende, die Hälfte davon sind Frauen. Die natur- und ingenieurwissenschaftlichen Fachgebiete tragen übrigens zu einem der höchsten Drittmittelaufkommen aller deutschen Universitäten bei.

»Die Hochschulen sind ein wesentliches Element der Wirtschaftsentwicklung in der Region«

Und auch nach ihrer Umstrukturierung bekennt sich die Universität zu ihren Gründungsmaximen, als 1971 in einer Zeit gesellschaftlicher Erneuerung das »Bremer Modell« entstand. Seine Kernelemente gelten noch heute und haben nach Überzeugung der Universität die außergewöhnlichen Forschungserfolge erst möglich gemacht: Interdisziplinarität, forschendes Lernen in Projekten, Praxisorientierung und Verantwortung gegenüber der Gesellschaft. Die Universität öffnet sich.

»Die Gespräche zwischen Wirtschaft und Wissenschaft haben zugenommen«, sagt Rektor Müller. Aber eines der Grundprobleme sei, dass es immer noch zu wenige Unternehmen gebe, die Forschung und Entwicklung betrieben. Noch mehr exzellente Forschung solle sich an der Weser ansiedeln, wünscht er sich. *»Dann kommen auch die Unternehmen.«*

Wie man sich mit denen, die schon da sind, ins Benehmen setzt, weiß Uwe Gundrum vom Büro des Technologiebeauftragten im

Land Bremen. *»Wir müssen direkt auf die Unternehmen zugehen. Es reicht nicht, Plakate aufzuhängen oder Internetangebote zu entwerfen und dann zu warten, dass jemand kommt.«* Und die bislang erzielten Erfolge im Land Bremen können sich sehen lassen. *»Andernfalls hätten wir damals den Titel gar nicht gewonnen«*, ist Matthias Fonger, Hauptgeschäftsführer der INDUSTRIE- UND HANDELSKAMMER ZU BREMEN, überzeugt.

Aber er wünscht sich in der Wissenschaft etwas mehr Bewegung in eine bestimmte Richtung. *»In den Forschungseinrichtungen brauchen wir mehr als bisher organisatorische Strukturen, die auf eine Zusammenarbeit mit Unternehmen ausgerichtet sind, denn die Vorstellungen von Prozessabläufen sind oft doch noch sehr unterschiedlich.«*

Als gutes Beispiel nennt Fonger MultiMat, einen *»richtigen Cluster«*, an dem zwei Fraunhofer-Institute, das Land Bremen und die bremische Wirtschaft beteiligt sind. *»Sogar mittelständische Unternehmen«*, wie er betont.

»Ein richtiger Cluster« In Bremen haben sich Wissenschaftler und Unternehmer im Innovationscluster »MultiMaT« zusammengetan, um Ergebnisse aus der Materialforschung schnell in marktfähige Produkte umzusetzen.

Als Schlüsseltechnologie kann die Materialforschung vielfältige Innovationen stimulieren. Durch den Innovationscluster »Multifunktionelle Materialien und Technologien MultiMaT« soll in Bremen ein international anerkannter Kompetenzraum zu multifunktionalen Werkstoffen entstehen. Solche intelligenten Materialien und Anwendungen sind die Grundlage für Innovationen in der Luft- und Raumfahrt, im Automobilbau, in der Medizintechnik oder bei der Energiegewinnung.

Wie viele Experten seiner Art sieht Fonger einen Trend in Zeiten von Globalisierung und Spezialisierung: *»Die Unternehmen brauchen Know-how«*, weiß er. *»Über kurz oder lang müssen sie den Kontakt zur Wissenschaft suchen.«* Am besten funktioniert das in guter Nachbarschaft. Fonger: *»Im Technologiepark explodieren deswegen die Aktivitäten so, weil man sich kennt und weil man sich immer wieder trifft.«*

In Bremen gibt es seit 2005 eine Adresse, wo »man« sich trifft. Jeden Samstag um 11 Uhr zum Beispiel, wo man sich in Sicht- und Laufweite des Rathauses, der Handelskammer und des Parlaments der Wissenschaft hingibt. Auf der anderen Seite befinden sich Wissenschaftsmeile, Bibliothek und Kunsthalle. 300 Veranstaltungen im Jahr, ausgebuchte Räume, volles Haus … Auch die Wirtschaft steigt inzwischen stärker ein, weil sie es als Vorteil erkannt hat, dabei zu sein. Das HAUS DER WISSENSCHAFT ist die Verstetigung der »Stadt der Wissenschaft« und ein Riesenerfolg. *»Es ist wichtig, dass man sich sieht«*, sagt Albert Gerdes. *»Wie in einem offenen Haus, wo man sich auf dem Flur begegnet.«* Gewünscht hatte man sich das Haus schon lange. Denn wie viele neue Universitätsstädte hat auch Bremen das Problem, dass die Wissenschaft am Stadtrand liegt. Nun ist sie in Marktnähe für die Laufkundschaft geöffnet. *»Ohne ›Stadt der Wissenschaft‹ hätten wir das Haus nicht bekommen«*, sagt Gerold Wefer, Sprecher des DFG-Zentrums und Exzellenzclusters »The Ocean in the Earth System – MARUM« und zusammen mit Albert Gerdes Haupt-

koordinator der »Stadt der Wissenschaft« Bremen. Und auch er ist überrascht, wieviel hier los ist. *»Man kann sich das gar nicht vorstellen!«* Zur Eröffnung des Hauses gab es damals eine überaus erfolgreiche Ausstellung mit einem klaren Titel:
»Ein Schiff ist ein Schiff«

Niels Stolbergs Schiffe sind Mehrzweck-Schwergutfrachter für Projekt- und Schwergutladung. Als ein für bremische Verhältnisse außerordentlich junges Seefahrtsunternehmen – Niels Stolberg gründete es 1995 – ist die BELUGA SHIPPING überaus erfolgreich. Dass man wissenschaftlichen Input braucht, steht für Stolberg außer Frage. Und den bekommt man am besten in der Region. Will man aber sinnvolle Neuerungen, Weiterentwicklungen und Innovationen realisieren, *»müssen die Forschungsergebnisse zeitnah in die Praxis umgesetzt werden«*, weiß der Reeder. Am besten arbeitet man eng zusammen, sei es im Rahmen von vier Stiftungsprofessuren, die BELUGA in Elsfleth und Bremen finanziert, sei es durch den Studiengang »Shipping & Chartering«, den man zusammen mit der HOCHSCHULE BREMEN angefahren hat. *»Dieses starke Bein in der Region ist wichtig, weil in Bremen unsere Unternehmenszentrale fest verankert ist und weil Elsfleth als Seefahrtsschule große Bedeutung hat«*, sagt Niels Stolberg. Die soll es nun behalten, nachdem der Standort durchaus gefährdet war.

»Die Unternehmen brauchen Know-how. Über kurz oder lang müssen sie den Kontakt zur Wissenschaft suchen«

ELSFLETH

Von Bremen nach Elsfleth fahren wir etwa 45 Kilometer in nordwestliche Richtung – der halbe Weg nach Bremerhaven.

In dem Städtchen an der Hunte entsteht ein Campus der besonderen Art. Hanseatisch, maritim, der eine oder andere akademische Lehrer der beteiligten Hochschulen trägt den Titel »Prof. Kapt.« Es ist ein Beispiel, wie Wirtschaft, Wissenschaft und Politik zum Nutzen der Region eine Win-Win-Situation schaffen und einen tot geglaubten Standort wiederbeleben. Der Maritime Campus Elsfleth ist ein Kooperationsprojekt der Fachhochschule Oldenburg/Ostfriesland/Wilhelmshaven, der Stadt Elsfleth, des Landes Niedersachsen und der Beluga Shipping GmbH. Nautikstudenten, angehende Schiffsmechaniker, Wissenschaftler und Repräsentanten von Unternehmen aus der maritimen Branche lernen, arbeiten, forschen zusammen auf einem 30.000 Quadratmeter großen Areal. Dem Campus eingegliedert ist das von Beluga Shipping errichtete Maritime Forschungszentrum, das sich vor allem auf die Felder Umweltschutz, Meeres- und Klimaforschung, Informations- und Kommunikationstechnologie, Systemtechnik, Infrastruktur und Logistik sowie Aus- und Weiterbildung konzentrieren wird – alles maritim. *»Der Campus soll auch als Kompetenzplattform dienen«*, sagt Brigitte Behrends, Leiterin des Maritimen Forschungszentrums. Warum nimmt man die Anstrengung auf sich, ein so großes Vorhaben zu verwirklichen? *»Die Reeder müssen inzwischen feststellen, was alles fehlt, nachdem an den Hochschulen die maritime Forschung jahrelang vernachlässigt wurde«*, erklärt die promovierte Umweltchemikerin. *»Hier und da ist noch Überzeugungsarbeit notwendig«*, weiß sie. *»Der maritime Bereich ist extrem konservativ.«* Ohne langjährig gewachsenes Vertrauen zwischen Personen geht es nicht. Aber mittlerweile ist maritime Technologie wieder ein Geschäft, in Forschung und Wirtschaft ziehen die Aktivitäten stark an. Und so kommen nicht

nur die Klassiker der Branche, sondern auch Firmen, die ihre Technologie ursprünglich für das Auto oder das Flugzeug erfunden haben. In Elsfleth können sie ihre Anwendungen im Kreise der besten Experten aus Forschung und Marine schiffbar machen. Brigitte Behrends freut sich über diese pfiffige Art des Technologietransfers: »*Man muss nicht jedes Rad neu erfinden.*«

Nach gelungenem Klimawechsel dreht man nun wieder größere Räder auf dem Weg in die Zukunft. »*Die Wissenschaft ist zwar noch nicht ganz so populär wie Werder Bremen oder die Stadtmusikanten*«, resümiert Klaus Sondergeld, Chef des Bremer Stadtmarketings. »*Aber die hatten auch länger Zeit, sich bekannt zu machen.*« Doch die »Stadt der Wissenschaft« brachte den Durchbruch in der Wahrnehmung Bremens und Bremerhavens als Wissenschaftsstandort, als man aus wirtschaftlicher Not eine wissenschaftliche Tugend machte.

BRAUNSCHWEIG

Wir fahren weiter im IC 2133 in die nächste »Stadt der Wissenschaft«, die der Norden zu bieten hat. Die Richtung verläuft südöstlich, und wieder geht es durch unendlich weites flaches Land, der Begriff »Flächenstaat« gewinnt hier seine ureigenste Bedeutung. Windräder säumen den Weg, die Felder tragen Rüben und Getreide ... die langsam in Tomaten übergehen – wir sind in Braunschweig. Bald tausend Jahre alt, blickt die Stadt Heinrichs des Löwen auf eine reiche Tradition als mächtige Handels- und Hansestadt. Heinrich hatte den Löwen zu seinem Wappentier gewählt und ließ ein bronzenes Abbild um 1166 vor dem Dom auf dem Burgplatz aufstellen, bis heute das Wahrzeichen der Stadt. Das heitere Wahrzeichen der »Stadt der Wissenschaft« ist die Tomate.

Manchmal litt man ein bisschen unter der Nähe Göttingens und Hannovers – zumindest wissenschaftlich gesehen. Dabei ist die Stadt an der Oker Sitz der ersten deutschen Technischen Universität, gegründet 1745. Der Mathematiker Carl Friedrich Gauß schrieb hier Wissenschaftsgeschichte. Der Pionier Heinrich Büssing richtete 1904 auf der Strecke von Wendeburg nach Braunschweig die erste Buslinie der Welt ein und prägte damit eine neue Vorstellung von industriellem Fortschritt und individueller Mobilität – Mobilität als Forschungsgegenstand ist bis heute maßgeblich für die Region. So führt die Spur der Braunschweiger Mobilitätsforschung zum Beispiel von der Gründung der ersten Staatsbahn Deutschlands bis zur Magnetschwebetechnologie, die an der TU BRAUNSCHWEIG entwickelt wurde und heute im Transrapid in Shanghai zum Einsatz kommt. Kooperationen von Wissenschaft und Wirtschaft in Sachen Automobil verstehen sich eigentlich von selbst in der Region, und tatsächlich konnten sie mit dem Schub der »Stadt der Wissenschaft« auch noch intensiviert werden. Im Forschungsschwerpunkt Mobilität will man ganz nach vorn und ist auf dem besten Wege dazu.

Im Technologiepark der Stadt Braunschweig erhalten Unternehmensgründer beste Startbedingungen – auf 10.000 Erwerbstätige kommen 146 Jungunternehmer. Der Forschungsflughafen Braunschweig bündelt als Innovations-Campus das Know-how von 30 Mitgliedern aus Wissenschaft und Wirtschaft, zahlreiche neue Hightech-Unternehmen sind hier entstanden und siedeln sich hier an. Zum Forschungsprofil der Region gehören Verkehrstechnologie, Avionik, Informations- und Kommunikationstechnologie, Messtechnik und Mikroelektronik, Werkstofftechnik oder auch Bio- und Umwelttechnologie. Mit 15.000 Beschäftigten ist die Wissenschaft per se ein Wirtschaftsfaktor, und mit einem längst gut verankerten Dialog mit der Wirtschaft wird das intellektuelle und innovative Potenzial der Region optimal genutzt.

Dass viele Köche den Brei verderben, ist eine alte Weisheit. Und ob Heinrich der Löwe, der seiner Stadt zu Ruhm und Reichtum verhalf, sich mit Tomaten angefreundet hätte, muss bezweifelt werden. Die Amerikanerinnen kamen ohnehin erst lange nach seiner Zeit nach Europa und galten noch lange als giftig.
Die Jury der »Stadt der Wissenschaft« lobte die Vielzahl der Kooperationspartner aus Wirtschaft, Wissenschaft, Kunst und Politik, die für die Ideenküche Braunschweig an den Start gegangen waren, die Verständlichkeit der Ansprache, die Vielfalt der Formate und deren Originalität. Oberbügermeister Gert Hoffmann hatte erkannt, dass *»die Auszeichnung gut zur aktuellen Aufbruchstimmung in Braunschweig«* passte und eine Chance ist, *»das überregionale Ansehen von Stadt und Region zu stärken.«*

Ein Pfund, mit dem die Niedersachsen wuchern können, ist der Forschungsflughafen. Der gehört zur Technischen Universität Braunschweig, die 1745 als Collegium Carolinum, eine neuartige Bildungsinstitution zwischen Gymnasium und Universität, gegründet wurde. Neben Geisteswissenschaften und »Schönen Künsten« lehrte man mathematisch-technische Fächer. Heute sind die Forschungsschwerpunkte Mobilität und Verkehr, aber auch Biologie und Biotechnologie haben eine lange Tradition; die TU hat 12.500 Studierende.

»Wir haben eine Verantwortung, der Region unsere Expertise zur Verfügung zu stellen«

»Selbstverständlich ist die Universität ein regionaler Akteur«, sagt ihr Präsident Jürgen Hesselbach. Das hindere sie nicht daran, sich auch im Geiste der Wissenschaft international aufzustellen. Selbstbewusst vergleicht er die Universität mit einem anderen Großunternehmen. *»VW ist ebenfalls ein weltweit engagiertes Unternehmen, das dennoch auch in der Region verankert ist.«* Geht's der Region gut, prosperiert

die Wirtschaft, das Steueraufkommen steigt, und das kommt wieder der Universität zugute. *»Wir haben also eine Verantwortung, der Region unsere Expertise zur Verfügung zu stellen.«*
Zurück zu den Großunternehmen. *»VW unterstützt die Universität ganz massiv«*, sagt Hesselbach. Die Universität forscht für den Konzern, der stellt seine großen Prüfanlagen zur Verfügung. In Wolfsburg hat die TU drei Lehrstühle in der VW-AUTOUNIVERSITÄT. *»Da sitzt die Konzernforschung Tür an Tür mit der Universität«*, freut sich Hesselbach. Man kennt sich. Sieben weitere Lehrstühle sind zum Forschungsflughafen umgezogen – Maschinenbau, Elektrotechnik, Informatik, Bauingenieurwesen, Psychologie und andere – alles, was das Auto braucht. Alles zusammen ergibt ein *»absolutes Highlight«* in der Region – wesentlich beschleunigt durch die »Stadt der Wissenschaft«, wie Hesselbach betont.
Das neue NIEDERSÄCHSISCHE FORSCHUNGSZENTRUM FÜR FAHRZEUGTECHNIK (NFF) nahm im Dezember 2007 mit einer Einigung zwischen der VOLKSWAGEN AG, dem Land Niedersachsen und der TU BRAUNSCHWEIG seinen Anfang. Im Herbst 2008 begannen die ersten Institute zu arbeiten.

Wie funktioniert das Gespräch mit der Wissenschaft? – »Es kommt immer auf die einzelnen Protagonisten an«

»Wir haben auch ein Werk in Braunschweig«, sagt Jürgen Leohold, Chef der Konzernforschung bei der VOLKSWAGEN AG, die wesentlicher Sponsor der »Stadt der Wissenschaft« war. Damit habe man auch eine Verpflichtung gegenüber der Stadt. Gutes Image ist zudem immer eine gute Investition. Aber die Förderung der Wissenschaft hat noch einen anderen Grund: *»Wir müssen uns den Zugang zu den Kompetenzträgern sichern«*, sagt Leohold.
»VOLKSWAGEN ist selbstverständlich ein internationaler Akteur«, betont der Forschungschef. Aber dies tue der auch regionalen Orientierung des Unternehmens keinen Abbruch, denn man weiß auch hier: *»Die räumliche Nähe hat große Vorteile.«* Aus Leoholds Sicht ist das neue NIEDERSÄCHSISCHE FORSCHUNGSZENTRUM FÜR FAHRZEUGTECHNIK deshalb ein Highlight, weil man die Themen der Zukunft nur noch interdisziplinär bearbeiten könne. Die Ziele der gemeinsamen Bemühungen sind etwa das intelligente Fahrzeug oder alternative Antriebe, die mit Biosprit fahren können oder elektrisch laufen. Man

denkt über neue Fahrzeugkonzepte in Leichtbauweise nach. *»Die klassische Institutsstruktur reicht dazu nicht mehr«*, sagt Leohold. *»Und bei der projektbezogenen Arbeit spielen die Einzeldisziplinen ohnehin keine Rolle mehr.«*
Wie funktioniert das Gespräch mit der Wissenschaft?
»Es kommt immer auf die einzelnen Protagonisten an.«

Etwas kleinere, aber genau so wichtige Räder der Zusammenarbeit zwischen Wirtschaft und Wissenschaft erfindet man auch außerhalb des Mobilitätsclusters. Auf ein Instrument des Dialogs mit ganz handfesten Folgen ist Bernd Meier, Hauptgeschäftsführer der IHK Braunschweig, besonders stolz. Die Kammer vergibt Beratungsschecks für kleine und mittelständische Unternehmen, die bei einem Forscher in einem der regionalen Forschungsinstitute eingelöst werden können. *»Durch die gute Vernetzung reichen inzwischen einige wenige Telefonate, um den richtigen Forscher für das Unternehmen zu finden«*, freut sich Meier. Am Ende profitieren beide. Das Unternehmen hat ein Problem gelöst, der Forscher hat in Zeiten knapper öffentlicher Mittel die Chance, im Anschluss an die kostenfreie Erstberatung vielleicht Drittmittel zu gewinnen, von der guten Publicity ganz zu schweigen.

Schon vor dem Beginn der »Stadt der Wissenschaft« war die Pilotphase angelaufen – schon damals mit Erfolg. Profitieren können aber auch Studierende, die durch solche Kooperationen Praktikumsplätze und vielleicht sogar später eine Stelle finden. Nicht zuletzt deshalb unterstützt TU-Präsident Hesselbach das Programm, indem er seine Kolleginnen und Kollegen auffordert, sich den Anfragen aus der Wirtschaft nicht zu verschließen und dabei zu helfen, konkrete Probleme zu lösen.
Ein solches hatte Jörg Böger, Geschäftsführer der Reiher GmbH. Heilen mit Licht ist einer der Schwerpunkte der Firmenarbeit. Seit 15 Jahren produziert man therapeutische Leuchten, die aber bislang ein statisches Betriebsverhalten hatten. Ein neues Steuerelement musste her, dafür war wissenschaftlicher Input gefragt. Böger erinnerte sich an einen Brief der IHK, in dem auf ein ganz neuartiges Instrument hingewiesen wurde: den Beratungsscheck. Die IHK stellte in Person von Peter Peckedraht, zuständig für Innovation und Umwelt, einen Kontakt zu Prof. Meinhard Schilling vom Institut für Elektrische Messtechnik der TU Braunschweig her.

Man saß zu dritt und überlegte. Böger freut sich über die Offenheit des Wissenschaftlers und dessen Bereitschaft vor allem, auch mit einer kleinen Firma zu arbeiten. Schilling lud ins Institut ein zur Besichtigung, schlug vor, dass bestimmte Aufgaben auch im Zuge eines Firmenpraktikums der Studenten erledigt werden könnten – *theoria cum praxi* der reinsten Art. Ob man Praktikum oder Werkvertrag wolle, war die Frage. Dem Unternehmer war der Werkvertrag lieber. Es war ein ganz normaler geschäftlicher Ablauf mit Angebot, Auftrag, Pflichtenheft, Dokumentation. Am Ende des Prozesses, der kein Jahr dauerte, zeigten die TU-Leute einen Prototyp, der die letzte Vorstufe zur Marktreife ist. Böger bekam eine Rechnung, der Vorgang war abgeschlossen.

»*Es lief von Anfang an reibungslos*«, sagt er. Die zeitlichen Abläufe ließen sich problemlos aufeinander abstimmen. Die Nullserie könne man aus Kapazitätsgründen nicht im Institut produzieren, erklärte ihm Schilling. Aber ein Absolvent habe eine Firma gegründet, die das könne.

Nun ist die technische Seite gelöst. Der nächste Schritt geht in Richtung medizinische und/oder psychologische Anwendungsmöglichkeiten der therapeutischen Leuchten, die sich bei der Behandlung von Depressionen und Schlafstörungen schon sehr bewährt haben. Auch hier suchte Böger die Kooperation mit der Universität. Einen Beratungsscheck brauchte er nicht mehr. Er ging direkt zu Peckedraht, der ihm Prof. Frank Eggert vom Institut für Psychologie vermittelte. Dass die Universität auch mit einem kleinen Unternehmen kooperiert, ist neu, nimmt Böger wahr und nennt ein Problem vieler Mittelständler auf der Suche nach wissenschaftlichem Input: »Die Großen« sind oft schneller beim Abschöpfen der wissenschaftlichen Expertise.

Dass die Universität auch mit einem kleinen Unternehmen kooperiert, ist neu

Einen Ort, wo sich unter anderen Kaufleute und Wissenschaftler treffen können, hat man ähnlich wie in Bremen auch in Braunschweig geschaffen, um die Erfolge der »Stadt der Wissenschaft« zu verstetigen. »Aber nicht noch ein Science Center«, lacht Elisabeth Hoffmann, Pressesprecherin der TU und eine der Geschäftsführerinnen im Haus der Wissenschaft, das einmal ganz anderen Ideen folgen will. Auch TU-Präsident Hesselbach weiß, dass so ein Haus besonders mit Blick auf den Mittelstand wichtig ist. Denn bei allen Erfolgen: »*Da ist noch zu tun.*« Umso bemerkenswerter ist es, dass auf den Internetseiten der IHK die Veranstaltungen des Hauses prominent gelistet werden – wo man andernorts die Wissenschaft in den Auftritten der Kammern oft nur nach langem Suchen findet. Transferabende mit Beteiligung des Arbeitgeberverbandes stehen auf dem Programm. Wie bei VOLKSWAGEN hat man ein Interesse daran, hochqualifiziertes Personal in der Region zu halten oder neues anzuwerben. Die Nachwuchsförderung von Anfang ist ebenfalls besonders wichtig, *»damit die Kinder schon in einer Bildungsregion groß werden«*, erklärt Hoffmann. Das Format »Science Slam« erfreut sich großer Beliebtheit. Aber schließlich war man als »Stadt der Wissenschaft« mit der »Ideenküche« berühmt geworden. Deshalb gibt es auch ein Restaurant im Haus der Wissenschaft. *»Man kann dort ganz normal essen gehen«*, erklärt Elisabeth Hoffmann. *»Aber es kann auch passieren, dass am Nebentisch die wissenschaftliche Debatte entbrennt und jemand einen Beamer hervorholt.«*

– Wieviele Gene hat denn nun die »Gentomate«? ...

NORDLICHT MIT WEITSICHT

Wer bislang die Gegend im Nordwesten Deutschlands vor allem mit Deichen und Windrädern in Verbindung brachte und im Herzen Niedersachsens den Takt einer Autofabrik schlagen hörte, hat ganz Recht. Aber anders, als gedacht. Und eine »gemütliche Großstadt« auf halbem Wege nach Ostfriesland, eine Hansestadt in der Werftenkrise und eine niedersächsische Stadt, von der man kaum mehr als den Namen kannte, schienen auf den ersten Blick nicht der Stoff zu sein, aus dem die Hightechträume sind. Doch drei »Städte der Wissenschaft« – Oldenburg, Bremen und Braunschweig – sind Leuchttürme der norddeutschen Tiefebene, die sich aufmachten, einen schwierigen Wettbewerb zu gewinnen.

HIGHTECH

Erneuerbare Energien, Küsten- und Klimaforschung, Umweltschutz, Hightech maritim, Schiffbau, Seeverkehrswirtschaft und Logistik, Informatik, Luft- und Raumfahrt, Verkehrssysteme und Fahrzeuge der Zukunft.

HEIMATKUNDE

Wind, Meer und Mobilität geben die Themen in Wissenschaft und Wirtschaft.
Mehr als 10.000 Schiffe, die den Norden mit 1.000 Häfen in allen Teilen der Erde verbinden.
Hochschullehrer, die den Titel »Prof. Kapt.« tragen.
Eine gewisse Unaufgeregtheit im Tun.
Tradition, Bürgerstolz und Heinrich der Löwe.

Carl von Ossietzky Universität Oldenburg
www.uni-oldenburg.de/
EWE AG
www.ewe.de/Energy
EWE-Stiftung
www.ewe-stiftung.de
Oldenburgische Landesbank
www.olb.de/
OLB-Stiftung
www.olb.de/dieolb/226.php
Technologie- und Gründerzentrum Oldenburg
www.tgo-online.de/
Maritimer Campus Elsfleth
www.beluga-group.com/Maritimer-Campus-Elsfleth.797.0.html?&L=1
Beluga Group
www.beluga-group.com/
Universität Bremen
www.uni-bremen.de/
Handelskammer Bremen
www.handelskammer-bremen.ihk24.de
Haus der Wissenschaft Bremen
www.hausderwissenschaft.de/

MultiMat
www.ifam.fraunhofer.de/index.
php?seite=/multimat/
Technische Universität Braunschweig
www.tu-braunschweig.de
Volkswagen AG
www.volkswagen.de/
Forschungsflughafen Braunschweig
www.forschungsflughafen.de/

IHK Braunschweig
www.braunschweig.ihk.de/
Reiher GmbH
www.reiher.de/
Haus der Wissenschaft Braunschweig
GmbH
www.hausderwissenschaft.org

DEUTSCHLANDS FORSCHER OSTEN

UND SEINE STÄDTE DER WISSENSCHAFT

JENA UND DRESDEN

Die in vieler Hinsicht neuen Bundesländer präsentieren sich dem Reisenden mit zwei Städten der Wissenschaft, die geschliffenen Durchblick im Kleinsten und im Ganzen bieten und unter erschwerten Bedingungen Strukturen wandelten.

Von Niedersachsen aus kommen wir auf unserem Weg zu den beiden ostdeutschen Städten der Wissenschaft zunächst durch Sachsen-Anhalt, das einige der ältesten deutschen Universitäten besitzt. Sachsen-Anhalt ist das Zentrum der Reformation. Folgerichtig ist die UNIVERSITÄT HALLE-WITTENBERG nach Martin Luther benannt. Berühmt ist die Gegend aber auch wegen eines einzigartigen »Gartenreichs«, das im 18. Jahrhundert entstand und sich im Wesentlichen über das Gebiet des historischen Fürstentums Anhalt-Dessau erstreckt – Weltkulturerbe in seiner Einzigartigkeit – und das eine glückliche Verbindung zwischen Wissenschaft, Wirtschaft und Kunst war und ist. Lutherstadt Wittenberg und die Bauhausstadt Dessau markieren seine Kontur.

BITTERFELD

Doch wir wollen nach Bitterfeld.

Gewinner im Spitzencluster-Wettbewerb der Bundesregierung: »Solarvalley Mitteldeutschland«

Zurzeit kommen 18 Prozent aller weltweit gefertigten Solarzellen aus Sachsen-Anhalt, Sachsen und Thüringen. Hier haben sich Wirtschaft und Wissenschaft nun zum Ziel gesetzt, diesen Anteil noch weiter zu steigern und gemeinsam zur führenden Photovoltaikregion zu werden. Spätestens 2015 soll wettbewerbsfähiger Solarstrom in Deutschland verfügbar sein.

»Die Stadt Bitterfeld-Wolfen hat die zweite Stufe im Wettbewerb um den ›Großen Preis des Mittelstandes 2008‹ erreicht«, meldete man stolz im Frühjahr desselben Jahres. Der Preis zeichnet Kommunen und Unternehmen aus, Bitterfeld – der Inbegriff verhangener Chemietristesse und altindustriellen Niedergangs ist dabei; bis vor kurzem musste man von 40 Prozent realer Arbeitslosigkeit ausgehen. In der Laudatio wurde die große Wirtschaftskraft der Stadt gelobt und ihre Rolle als Dienstleister für die ansässige Wirtschaft. Auch mehrere hier ansässige Unternehmen waren im Wettbewerb erfolgreich. Eines von ihnen ist die Q-CELLS AG.

»Man kann eine Region verwandeln«, sagt Charles Anton Milner, Vorstandsvorsitzender des weltweit erfolgreichen Solarzellenproduzenten Q-CELLS mit Sitz in Bitterfeld-Wolfen-Thalheim. Die Mentalität zu ändern, sei schwierig und langwierig, hat er erfahren. Das beste Rezept zur Erhellung der Gemüter und Verbesserung der Kennzahlen aber sei es, stark wachsende Hightech anzusiedeln. Q-CELLS ist der größte Arbeitgeber in der Region, man hat flexible und qualifizierte Mitarbeiter, hat Joint Ventures vereinbart und Übernahmen gemacht. *»Jetzt kommt Silizium«*, erzählt Milner, *»jetzt kommen die Start-ups, und es kommt eine Glasfabrik.«* Alles, was zur Sonne passt.
Das Ziel ist anspruchsvoll: Man will das »Solarvalley Thalheim« als weltweit führenden Unternehmenscluster aufbauen.
Ursprünglich wollten die Firmengründer sich in Berlin ansiedeln. Aber Sachsen-Anhalt machte unschlagbar gute Angebote. Die Ge-

nehmigungen ließen nicht lange auf sich warten – und es gab Risikokapital. Die Bedingung hieß: Ihr geht nach Bitterfeld. Die Stadt mit dem schlechten Image sollte aufpoliert werden. Milner nennt das »professionelle Ansiedlungspolitik«. Die Rechnung ging auf. *»Am 1. Mai 2001 hatte die Firma genau vier Mitarbeiter. Das waren die vier Gründer«*, sagt Milner. Heute sind es rund 2.000 fest Angestellte. Geforscht wird im Hause, 10 Prozent der Belegschaft sind Wissenschaftler. Insgesamt, findet Milner, gibt es in der Region noch zu wenig Wissenschaft, mit der man kooperieren könnte; die Regierung versucht nachzusteuern. Doch Wissen allein reicht nicht, weiß der Unternehmer. Am Anfang der *»Verwandlung«* gibt es ein Unternehmen, dann kommen weitere, die dazu passen, danach kommt die Forschung, und wenn dann die Politik noch mitspielt, entsteht ein Cluster.

JENA

In ein Paradies der Verwandlung von einer Industrie- in eine Wissensregion kommt man, wenn man zwei knappe Bahnstunden nach Süden Richtung Thüringen fährt – »Jena-Paradies« heißt der ICE-Bahnhof einer Stadt, in der es seit jeher »Cluster« gibt. Nicht, dass man es so genannt hätte.

1182 zum ersten Mal urkundlich erwähnt, wurde Jena 1230 zur Stadt erhoben. Die Quelle früherer Jenaer Wohlhabenheit war allerdings noch nicht die Optik, sondern der schnell aufblühende Weinbau. 1548 wurde die Hohe Schule im Dominikanerkloster gegründet, aus der 1558 die Universität hervorging und die seit jeher einen Mittelpunkt des städtischen Lebens bildet. Man ist stolz auf die demokratische Tradition – Frauen konnten ab 1897 promovieren. Im 19. Jahrhundert waren Wissenschaft und Wirtschaft ganz selbstverständlich das, was heute händeringend eingefordert wird: durchlässig.
Ernst Abbe revolutionierte die Fertigung optischer Instrumente. Der Physiker löste das Problem der Farbverzerrung bei Linsen und entwickelte erstmals leistungsfähige Mikroskope. Zusammen mit dem Unternehmer Carl Zeiss und dem Chemiker Otto Schott gründete er schon im 19. Jahrhundert einen »Cluster«, der Jena als »Stadt des Lichts« berühmt machte.
»Wie in kaum einem anderen Ort sind in Jena alle Bereiche des Lebens von Wissenschaft geprägt«, sagt Oberbürgermeister Albrecht Schröter.

STADT DER WISSENSCHAFT
2008

Verankert in der Tradition hat man den Strukturwandel geschafft, den Umbau von der Industrie- zur Wissens- und Forschungsgesellschaft. 20 Prozent der 120.000 Bewohner Jenas sind Studierende, 20 Prozent haben einen Hochschulabschluss.

Universitäre wie außeruniversitäre Forschungsschwerpunkte sind Optik, Photonik, Material- und Lebenswissenschaften, Biotechnologie, Medizintechnik, Physik, Ökologie und neue Energien. Das StartUpCenterJena hat inzwischen 198 technologieorientierten Gründungen auf die Sprünge geholfen.

Jena ist eine Stadt der kurzen Wege, man kennt einander, und die Universität ist über das ganze Stadtgebiet verteilt. Die erst vor 15 Jahren gegründete Fachhochschule Jena ist mittlerweile die drittgrößte Hochschule Thüringens. Studentische Infrastruktur zu erhalten und auszubauen, ist daher ein Hauptanliegen der Stadtentwicklung. Zu den Jenaer wissenschaftlichen Berühmtheiten gehören mit den zahlreichen Häusern der Wissenschaft das Zeiss-Planetarium, das Herbarium Hausknecht und das von Ernst Haeckel gegründete weltweit einzigartige Phyletische Museum.

»Wissen und Wachsen« war das Motto der »Stadt der Wissenschaft« Jena 2008. Die Universität bot hochkarätige Ringvorlesungen und zeigte den staunenden Laien ihre geheimen Schätze; junge Wissenschaftler wurden zu »Science Scouts«, um den noch Jüngeren Wege in die Forschung zu weisen. Spektakulär war der »Zug der Jenaer Geister«, der demonstrierte, was sich einst an spektakulären Persönlichkeiten in der Stadt an der Saale zum Lernen oder Lehren eingefunden hatte: Schiller, Novalis, Haeckel, Dexel, Abbe … und was hier alles erfunden wurde: das UV-Licht, das EEG, die Zuckertüte, das hitzefeste Glas. Es gab Unternehmertage mit Studentenbeteiligung, die »jun.iversity« zog in ein Sommercamp, man feierte ein Sommerfest am Schillertag und machte jede Menge Theater. Für Nachhaltigkeit soll auch hier ein »Haus der Wissenschaft« sorgen. Der »Stadtspeicher« heißt jetzt »Wissensspeicher«. Sinn und Nutzen der »Stadt der Wissenschaft« ist – wie die Jenaer Tradition es will – die weitere Verzahnung zwischen Wissenschaft und Wirtschaft im Rahmen gewachsener politischer und kultureller Tradition. *»Zeiss kennt man, das steckt in den Knochen«*, sagt Oberbürgermeister Albrecht Schröter. *»Man kann aber auch mit dem Geist einer Stadt werben, nicht nur mit Architektur, Landschaft oder Kennzahlen …«*

Den Geist der Stadt spürt man in der FRIEDRICH-SCHILLER-UNIVERSITÄT, die sich wie die anderen ostdeutschen Hochschulen nach der Wende mit Problemen konfrontiert sah, die jede altehrwürdige Alma mater des Westens in die Knie gezwungen hätten – wenngleich natürlich auch die FSU altehrwürdig ist. In dem Jahr, in dem Jena »Stadt der Wissenschaft« war, feierte sie ihren 450. Geburtstag.

»Unsicherheit macht erfinderisch«

»Unsicherheit macht erfinderisch«, sagt ihr Rektor Klaus Dicke. Dazu bedurfte es besonderen Personals. *»Bei den Berufungen gelang es, viele interessante Forscherpersönlichkeiten zu gewinnen, die alle etwas gemeinsam haben«*, sagt Dicke. *»Pioniergeist und Pragmatismus sind ausgeprägter als das Denken in festgefahrenen Strukturen.«*
Abgesehen von den natur- und ingenieurwissenschaftlichen Forschungsschwerpunkten widmet man sich der Dynamik komplexer biologischer Systeme, betreibt das »Laboratorium Aufklärung« und erforscht das »Ereignis Weimar« in einem vom Land Thüringen geförderten Spitzencluster.
Natürlich sei die Universität ein Wirtschaftsfaktor in der Region. *»Jede Uni ist das«*, sagt Dicke. *»In Jena sind es 25.000 Leute, 20.000 Studierende, 5.000 Beschäftigte, die Geld ausgeben, Firmen gründen – das ist Lebenselixier!«* Die außerordentlich lebhafte Gründerszene wird übrigens von der Universität entschieden und aktiv gefördert; die Ausgründungen haben eine sensationelle Erfolgsquote von 80 Prozent. Dass Universitäten eine Verantwortung für die Region haben, steht für Dicke außer Frage. Auch, dass Kooperation mit der Wirtschaft sich nicht darin erschöpft zu warten, bis die Wirtschaft kommt und eine Frage stellt. Hier wird die Wirtschaft gefragt, was sie braucht, in der Ausbildung und in der Forschung.

Am Ende haben auch die Wissenschaftler etwas davon. Groß ist die Freude, wenn nach komplexer Forschung auf einmal ein veritables Produkt entstanden ist. *»Der Drang zur Umsetzung ist schon da«*, hat Ulrich Simon, Chef der CARL ZEISS MICROIMAGING GMBH in Jena, erfahren. Aber wie für jeden Menschen aus der Wirtschaft könnten seiner Ansicht nach die Menschen aus der Wissenschaft noch etwas anwendungsorientierter werden.
»Wir brauchen die Partner aus der Wissenschaft«, sagt Simon. Anders als Großunternehmen, die *»tausende von Forschern«* hätten, deshalb aber auch leicht Gefahr liefen, nicht wirklich innovativ zu sein. Man ist gut eingebettet im »Cluster« Jena. *»Aus diesem Forschungscluster*

»Ein großer Vorteil sind die persönlichen Kontakte«

sind wir hervorgegangen«, sagt Simon. Keine Frage, dass ZEISS Premiumsponsor der »Stadt der Wissenschaft« war. Die Zusammenarbeit mit der Universität hat eine lange Tradition, seit der Universitätsmechaniker Friedrich Körner Carl Zeiss in die Lehre nahm. Der wiederum versicherte sich später der Mitarbeit des Physikers Ernst Abbe und des Glaschemikers Otto Schott bei der Entwicklung einer neuen Generation von Mikroskopen. Als Nachfolger von Carl Zeiss in der Firmenleitung gründete Ernst Abbe 1889 die CARL-ZEISS-STIFTUNG; Teile des Gewinns der Stiftungsunternehmen kamen der Universität zugute. Heute finanziert ZEISS an der FRIEDRICH-SCHILLER-UNIVERSITÄT Stiftungsprofessuren und eine Graduiertenschule; Studierende der Universität machen Praktika und Abschlussarbeiten im Unternehmen. Man gehört zusammen.
Der Hauptsitz der Firma war 1945 nach Oberkochen in Baden-Württemberg verlegt worden, Vorstände und Wissenschaftler gingen mit. In den ersten Nachkriegsjahren beginnt in Jena mit etwa 4.500 Mitarbeitern der Wiederaufbau, in Oberkochen mit etwa 250 Mitarbeitern ein Neuanfang; die gesamte ZEISS-Gruppe ist zu hundert Prozent im Besitz der CARL-ZEISS-STIFTUNG. In Jena sind heute 1.650 Menschen beschäftigt. Die meisten Mitarbeiter des Unternehmens kommen aus der Region, und man legt Wert darauf, ihnen das Gefühl zu geben, dass sie die richtige Entscheidung getroffen haben.

Auf dem Gelände der früheren Zeiss-Werke liegt heute die FACHHOCHSCHULE JENA. Die alte Zeiss-Kantine ist die Mensa, und der *genius loci* verpflichtet, weiß Rektorin Gabriele Beibst. ZEISS steckt halt in den Knochen. Die Wissenschaft hat hier Anwendungscharakter, die Umstellung der Studiengänge auf BA/MA hat man zusammen mit den Firmen konzipiert, mit denen man auch in der Forschung kooperiert. *»Ein großer Vorteil sind die persönlichen Kontakte, die man hier hat«*, sagt Gabriele Beibst. 80 Prozent der Graduierungsarbeiten sind an die Forschung und Entwicklung in Unternehmen gekoppelt, und die Studierenden bekommen in der Regel auch den Job, auf den sie via Praktikum und Abschlussarbeit zugesteuert sind. Denn sie haben frühzeitig Einblick in die Unternehmen gewonnen; die wiederum gewinnen qualifizierten Nachwuchs. Zwei Drittel der Studiengänge für die mittlerweile 5.000 Studierenden sind ingenieurwissenschaftlich ausgerichtet und produzieren das rare Gut der Zeit. *»Die Ingenieure werden uns aus der Hand gerissen«*, sagt die Rektorin.

»Gerade ein Mittelständler hat eine Verpflichtung gegenüber der Region«

Vorsitzender des Hochschulrates ist Klaus Berka, Vorstandsvorsitzender der ANALYTIK JENA AG. Wie ZEISS war man Hauptsponsor der »Stadt der Wissenschaft«, und für Klaus Berka erübrigt sich im Grunde die Frage nach dem Warum des Engagements. *»Man tut so etwas einfach«*, sagt er. *»Gerade ein Mittelständler hat eine Verpflichtung gegenüber der Region. Das nimmt man auf sich.«* Was nicht heißt, dass man sich nicht fürs eigene Geschäft engagiert. Aber für Berka bedingen Erfolg und Engagement einander. In Jena funktioniert das besonders gut, findet er. *»Der Netzwerkgedanke wird hier extrem gelebt. Es läuft alles über Personen. Das ist das Geheimnis.«*
Die Praktikanten kommen aus der Fachhochschule ins Unternehmen, man betreut Diplomarbeiten – am Ende hat das Unternehmen einen Pool von Wissenschaftlern aus der Region. *»Das gute Heimspiel ist die halbe Miete«*, weiß Berka. Nur dann kann man auch international gut sein. Berka lobt die Thüringer Landespolitik, die vor allem die richtige Atmosphäre für Wissenschaft und Wirtschaft und ihre Vernetzung schaffe. Und bundesländerübergreifend? *»Das ist wie ein Fahrrad, das auf Sand fährt. Man erreicht nie die richtige Geschwindigkeit.«* Vielleicht sind aber auch die kleineren Einheiten die bessere Lösung, meint er. Nichts sei so wichtig, wie sich zu kennen und sich immer wieder zu treffen. Dann klappt's auch mit den Innovationen. Wann denn etwas eine Innovation sei, wurde er einmal gefragt. *»Dann, wenn sie am Markt ist und sich verkauft.«*
Und dann erzählt Klaus Berka noch von der Fußball-Europameisterschaft. Vom Spiel Italien-Spanien in Wien. Wie er da stand mit einem Reporter des Bayerischen Rundfunks und mit Paul Breitner und gefragt wurde, woher er käme. *»Jena? Ihr seid doch ›Stadt der Wissenschaft‹!«*

»Es läuft alles über Personen. Das ist das Geheimnis«

DRESDEN

Es ist nicht weit von Thüringen nach Sachsen, von der Saale an die Elbe, von der einen »Stadt der Wissenschaft« in die nächste. Nach knapp zwei Stunden geradezu nach Osten – mit der Bahn würde es gut drei Stunden dauern – kommt man an einen Ort, der 1206 erstmals urkundlich erwähnt wird und sich zu einer kurfürstlichen und königlichen Residenz entwickelte. Zahlreiche Manifestationen der Hochkultur, barocker Glanz und eine gewisse italienische Helle brachten der Stadt den Namen »Elbflorenz« ein. Wir sind in Dresden.

Gewinner im Spitzencluster-Wettbewerb der Bundesregierung: »Cool Silicon – Energy Efficiency Innovations from Silicon Saxony«

Die Energiekosten für den Betrieb moderner Informations- und Kommunikationstechnologien (IKT) sind zu einem bedeutsamen ökonomischen Faktor geworden. Die dringlichste Herausforderung auf dem Gebiet der Mikro- und Nanoelektronik besteht daher in einer massiven Steigerung der Energieeffizienz. Dies ist das technische, ökonomische und ökologische Ziel des Clusters »Cool Silicon«.

Elbflorenz samt Semperoper und Frauenkirche ist weltberühmt und einzigartig. Der Dresdner Zwinger beherbergt Kunstschätze, die zu denen gehören, die man einmal im Leben gesehen haben muss. Aber dies alles verstellte lang den Blick auf eine andere, ebenso glänzende Seite der Region – auf Kunstwerke wie Silicon Saxony oder BioMeT Dresden, die mit dafür verantwortlich sind, dass die Region Dresden eine der niedrigsten Arbeitslosenquoten in Ostdeutschland hat und zu den dynamischsten deutschen Wirtschaftsregionen zählt.
Industrie, Handwerk und Hightech spielen hier seit jeher eine große Rolle. In Dresden entstanden das europäische Porzellan und die erste deutsche Dampflok; hier wurde die erste Spiegelreflexkamera der Welt gebaut. Aber auch eher gemütliche Erfindungen wie der Melitta Kaffeefilter, das Odol Mundwasser oder der Teebeutel sind in Dresden zu Hause.

Heute ruht die Wissenschaft an Hochschulen und außeruniversitären Forschungseinrichtungen in Dresden auf fünf Säulen: Biotechnologie und Life Sciences, Werkstoffforschung, Nanotechnologie und Festkörperphysik, Stadtentwicklung, Wasser, Verkehr, Maschinen- und Fahrzeugtechnik. Kunst-, Geistes- und Sozialwissenschaften und vor allem Mikroelektronik/Informationstechnologie. Mit Technischer Universität, der Hochschule für Technik und Wirtschaft, zahlreichen Instituten der Fraunhofer- und der Max-Planck-Gesellschaft sowie der Leibniz-Gemeinschaft und weiteren 120 Forschungsinstituten hat Dresden heute die höchste Forschungs- und Entwicklungskonzentration im technischen und naturwissenschaftlichen Bereich in den neuen Bundesländern und eine der höchsten in Deutschland. Wer sich zum Beispiel als Firma aus dem Hightechbereich hier ansiedeln wollte, fände hier in IT und Elektronik das größte europäische Netzwerk.

Die hervorragende lokale Vernetzung miteinander und über die »Milieu«-Grenzen hinweg und die zum Teil witzigen Methoden, mit denen man die Wissenschaft unter die Leute brachte, machte Dresden zur »Stadt der Wissenschaft« 2006. Bügelnde Wissenschaftler zeigten Hightechkeramik, eine Umfrage im »Tal der Ahnungsdosen« erhellte das Bild, das die Bürger sich von der Wissenschaft machen, 150 überglückliche Juniordoktoren und das Professorendinner mit Unternehmerbeteiligung werden als Formate der Nachwuchs- und der Netzwerkpflege weitergeführt. Clusterbildung gehört ins Dresdner Portfolio – unter interessierter Beobachtung der Bevölkerung. Über niedrige Besucherzahlen bei populärwissenschaftlichen Veranstaltungen musste man sich an der Elbe noch nie beklagen. Neugierig sind sie, die Sachsen – 50.000 kamen zum Schaufenster der Wissenschaft in die Fußgängerzone und an die Strandbar – und sie sind »fischeland«, wenn es darum geht, sich in schwierigen Situationen nach der Decke zu strecken. fischeland (Adj., Betonung auf der letzten Silbe): helle < frz. vigilant: wachsam, geweckt, findig, schlau

»Man braucht schon Enthusiasten«

Wie an der TU DRESDEN, wo die Zahl der Studierenden von 12.000 im Jahr 1990 auf 35.000 im Jahr 2008 anstieg. Und das in einer Zeit wirtschaftlicher, politischer, regionaler und bildungspolitischer Umbrüche ohne Beispiel – wie sie überall im Osten Deutschlands zu meistern waren. Heute ist die TU DRESDEN die größte ostdeutsche Universität und das Forschungsschwergewicht der Region. *»Man braucht schon Enthusiasten«*, sagt Rektor Hermann Kokenge mit Blick auf die Herausforderungen, die auch jetzt noch zu bewältigen sind. Rechtzeitig für den wissenschaftlichen Nachwuchs und damit für ein hohes Qualifikationsniveau der Bevölkerung zu sorgen, ist besonders im Osten eine drängende Aufgabe. An der TU DRESDEN lässt man sich dazu viel einfallen.

»Physik am Samstag« läuft hervorragend, die Kinder kommen aus ganz Sachsen, um sich mit den Geheimnissen von Materie und Universum auseinanderzusetzen; an einer Dresdner Schule betreut die Universität ein Schülerrechenzentrum. Die dort erbrachten Leistungen werden später im Studium angerechnet. Schülerinnen und Schüler der 8. und 9. Klasse an einer anderen Schule machen einwö-

chige Praktika in den Ingenieur- und Naturwissenschaften – so erreicht man besonders gut die viel diskutierte Ressource *»Frauen in den Naturwissenschaften«*. Tatsächlich beginnen mehr junge Frauen von dieser Schule ein Studium in den unterbesetzten MINT-Fächern (Mathematik, Informatik, Naturwissenschaften, Technik).
Auch die Industrie der Region kümmert sich frühzeitig um den Nachwuchs. VATTENFALL, die Universität und eine Schule betreiben ein gemeinsames Programm, in dem die Schüler Praktika sowohl in der Firma wie auch in der Universität machen können. Die Universität profitiert von Drittmitteln, die Industrie kann spätere Beschäftigte rekrutieren, die früh gelernt haben, Theorie und Praxis miteinander zu verbinden.

»Hochqualifizierte Arbeitskräfte sind eine knappe Ressource, um die man werben muss«

Es ist vor allem die Nachwuchsarbeit, die von den beteiligten Unternehmen aufmerksam beobachtet und massiv unterstützt wird. *»Wir engagieren uns vehement in diesem Bereich, weil wir ein großes Interesse an hochqualifizierten Absolventen haben«* sagt Gunda Röstel, Geschäftsführerin der STADTENTWÄSSERUNG DRESDEN GMBH, 2006 einer der Eventsponsoren der »Stadt der Wissenschaft«. *»Dass wir in einem demografischen Dilemma stecken, wissen wir nicht erst seit heute, und hochqualifizierte Arbeitskräfte sind eine knappe Ressource, um die man werben muss.«* Also bietet man Praktikumsplätze an, betreut Diplomarbeiten, und wer gut sind, wird auch eingestellt. *»Die gute Forschung in Dresden insgesamt war ein Ansiedlungsgrund für uns«*, sagt Röstel. Die Zusammenarbeit mit dem Institut für Siedlungs- und Industriewasserwirtschaft der TU läuft seit Jahren reibungslos. Inzwischen hat man auch eine Stiftungsprofessur an der TU eingerichtet. *»Die Wissenschaft ist insgesamt offener geworden«*, findet Röstel.

»Wir sind eine sächsische Universität«, sagt Rektor Kokenge. *»Wir sind der Region verpflichtet und haben eine Verantwortung.«* Dazu gehört auch, sich international gut aufzustellen und Forscher aus aller Welt nach Dresden zu holen. Dazu gehört aber auch, Ausgründungen massiv zu unterstützen. Denn die kommen hier vor allem aus dem Hightechbereich, können also bereits vorhandene Stärken der Regi-

on weiter ausbauen. Die Neugründungen bleiben überwiegend in der Nähe, weil sie hier das beste industrielle und wissenschaftliche Netzwerk haben. Mikroelektronische Clusterbildung auf sächsisch.

»Viele Absolventen glauben, KMU seien muffige kleine Provinzfirmen mit einer Werkbank in der Ecke«

»Um den Standort zu entwickeln, braucht man Leute, die so gut sind, dass sie einem aus der Hand gerissen werden«, sagt Hannes Lehmann, an der TU Dresden zuständig für den Transfer. Die Mikroelektronik kam, weil hier die hoch qualifizierten Leute waren. 20.000 Arbeitsplätze sind inzwischen entstanden – in der Informations- und Kommunikationstechnologie insgesamt sind es weit über 43.000 –, und nun zieht die Biomedizin mit 4.000 Arbeitsplätzen nach.
In einem derartigen Cluster entstehen schließlich auch diejenigen Betriebe des KMU-Sektors, die nicht die viel zitierten Berührungsängste in Richtung Wissenschaft haben – weil sie aus der Wissenschaft selbst entstanden sind. Und sie können ein Vorurteil ausräumen: *»Viele Absolventen glauben, KMU seien muffige kleine Provinzfirmen mit einer Werkbank in der Ecke«*, erzählt Rektor Kokenge. Deshalb ziehe es sie zu den »Großen«. Am Ende sind sie dort dann womöglich nur ein kleines Rädchen im Getriebe. Bei einem innovativen Mittelständler haben sie, was der forschende Geist sich wünscht: Gestaltungsfreiheit.

Kleinere und mittlere Unternehmen sollten an ihrem Image arbeiten, findet auch der Dresdner Wirtschaftsbürgermeister Dirk Hilbert. Aber wie viele andere sieht er eine im Grunde positive Tendenz: *»Die progressiven KMU haben längst verstanden, dass sie sich mit der Wissenschaft zusammentun müssen. Denen gehen nämlich langsam die guten Leute aus«*, weiß er. *»Wenn sie im Geschäft bleiben wollen, brauchen sie qualifizierten Nachwuchs.«*

Kleinere und größere Unternehmen der Region haben sich im Silicon Saxony zusammengeschlossen. Der Verein wurde im Jahr 2000 *»von ein paar Idealisten«* gegründet, hat inzwischen über 260 Mitglieder und enorm starken Zulauf. Denn hier haben die Branche und ihre »Randgebiete« ein Reihe von Möglichkeiten, sich zu treffen, bei Tagungen und Konferenzen etwa und vor allem in deren

»In den Pausen kommt man auf Ideen, die man sonst vielleicht gar nicht gehabt hätte«

Pausen. *»Da kommt man auf Ideen, die man sonst vielleicht gar nicht gehabt hätte.«* So schildert Wolfgang Schmid, Chef des Speicherchipherstellers QIMONDA und Vorstand von SILICON SAXONY, die Vorteile der Netzwerkbildung.

Dresden ist der größte Mikroelektronikstandort in Europa, der fünftgrößte weltweit. *»Der gute Klang Dresdens, die Kultur und die Lebensqualität sind enorm wichtig, damit gute Leute kommen«*, sagt Schmid. *»Die müssen sich hier wohlfühlen.«*

Das »Silicon Saxony« bemüht sich nicht nur um die Vernetzung der bereits ansässigen Firmen, sondern auch um die Neuansiedlung neuer Unternehmen. *»Die erste Frage ist immer: ›Bekomme ich hier genug gute Leute‹?«*, erzählt Schmid. Auch QIMONDA bzw. seine Vorgängerin hatte sich aus diesem Grunde hier angesiedelt. *»Die Mikroelektronik ist hier seit den 60er-Jahren stark«*, sagt Schmid. *»Die Fachleute, die zu DDR-Zeiten hier studierten, waren hervorragend ausgebildet, und die Leute in der Region hatten einen Bezug zum Thema.«* Das Potenzial war also da. Als man dann kam, *»ist alles super gelaufen.«* Bewundernd fügt er hinzu: *»Es gibt hier Leute, die in der Welt ihresgleichen suchen.«*

Schmid freut sich, dass sich die Hochschulen auf den Arbeitskräftebedarf der ansässigen Industrie einrichten, die Absolventen werden bei QIMONDA und den anderen Unternehmen des SILICON SAXONY gern genommen. Man hat sogar mit der TU DRESDEN eine in Deutschland noch eher seltene Art der Kooperation begonnen: Das NANOELECTRONICS MATERIALS LAB (NAMLAB) ist ein Institut, in dem in gemeinsamen Projekten mit der TU und anderen Projektpartnern Untersuchungen an Materialien und Materialsystemen für den Einsatz im Bereich Nanoelektronik durchgeführt werden – unterstützt von Doktoranden und Diplomanden. Die Geschäftsform ist eine GmbH. *»Die Kooperationen nehmen zu«*, weiß Schmid. Man lernt sich kennen und schätzen. Persönliche Beziehungen spielen *»die entscheidende Rolle«*. Nur nur so entstehe das nötige Vertrauen. *»Außerdem ist man schneller als nur mit E-Mail oder Telefon.«*

»Persönliche Beziehungen spielen die entscheidende Rolle«

Die Sachsen seien so ähnlich wie die Schwaben, meint der Schwabe Schmid. Tüftler, Bastler, Erfinder, man will es richtig und genau machen. Er erinnert daran, dass nicht umsonst die Dresdner Region vor dem Krieg zu den reichsten Gegenden Deutschlands gehörte. Wie in Jena knüpft man an eine starke Tradition an und hat damit Erfolg.

Schmid: *»Man will auch zeigen, dass man etwas kann.«*

DEUTSCHLANDS FORSCHER OSTEN

Nichts Neues im Osten, dachte man lang. Es würde Generationen dauern, bis der „Anschluss" geschafft sei – ökonomisch und akademisch. Die Wissenschaft braucht schließlich Ruhe, Ausgeglichenheit und stabile Verhältnisse. Zumindest zwei Städte im Osten zeigten, dass das Gegenteil der Fall ist. Und nach dem Motto »Unsicherheit macht erfinderisch«, präsentiert sich der Osten mit zwei Städten der Wissenschaft – Jena und Dresden –, die geschliffenen Durchblick im Kleinsten und im Ganzen bieten und unter erschwerten Bedingungen Strukturen wandelten.

HIGHTECH

Ein Spitzencluster namens »Solarvalley« und einer mit Namen »Cool Silicon«. Optik, Photonik, Material- und Lebenswissenschaften, Biotechnologie, Medizintechnik, Physik, Ökologie und neue Energien, Nanotechnologie und Festkörperphysik.

HEIMATKUNDE

Sächsischer Unternehmergeist; Tüftler, Bastler und Erfinder zu allen Zeiten.

Anknüpfen an eine große alte Tradition in Industrie und Wissenschaft. Elbflorenz samt Semperoper, Frauenkirche und Kunstschätzen, die man einmal im Leben gesehen haben muss.

»Fischeland«.

Altehrwürdige Tradition der Universität in Jena, die seit jeher ein Mittelpunkt des städtischen Lebens ist.

Stolz auf die demokratische Tradition, die nie wirklich ganz verloren ging.

Zukunftsorientierter Rückgriff auf eine Tradition, als Wissenschaft und Wirtschaft noch miteinander konnten.

Q-Cells AG
www.q-cells.com
Friedrich-Schiller-Universität Jena
www.uni-jena.de/
Fachhochschule Jena
www.fh-jena.de/

Carl Zeiss AG
www.zeiss.de
Analytik Jena AG
www.analytik-jena.de
Technische Universität Dresden
http://tu-dresden.de/

Stadtentwässerung Dresden
www.stadtentwaesserung-dresden.de
Qimonda AG
www.qimonda.com
Silicon Saxony
www.silicon-saxony.de

ICK LIEBE DIR, ICK LIEBE DICH, ICK LIEB EUCH ALLE BEEDE …

BERLIN UND BRANDENBURG

EIN STANDORT WIRD ZUM VORTEIL

Es zieht an in Berlin – Anfänge und Neuanfänge bestimmen die Szene. Noch steht die Wissenschaft etwas scheu hinter Nofretete, Museumsinsel und Currywurst. Doch langsam wird der Standort zum Vorteil – auch für die Wirtschaft, die einstweilen auch ganz gern in Brandenburg siedelt. Wo man sich indessen zusammentut, boomt es wie in alten Zeiten.

BERLIN Von Dresden aus könnte man Elbe abwärts fahren, vorbei an Meißen, Wittenberg und Magdeburg, bei Neuenburg in die Havel einbiegen, weiter in süd-östlicher Richtung. Vom Havelland ist es nicht mehr weit bis Berlin, ins Warschau-Berliner-Urstromtal. Aber auf diesem Wege hätte es lang gedauert. Die Fahrt mit der Eisenbahn dauert gut zwei Stunden – es gibt zahlreiche Verbindungen zwischen den zwei traditionellen Industriestädten Dresden und Berlin, von denen die eine – am Beginn dieser Karriere eher ungewollt – Hauptstadt wurde. Berlin und sein so genannter Speckgürtel bilden heute die »Hauptstadtregion«, und Potsdam ist eine Schönheit ganz eigener Art.

Als Berlin 1990 wieder einmal Hauptstadt wurde, diesmal die ganze Stadt, schlugen ihm die üblichen Ressentiments entgegen. *»Große Klappe und nichts dahinter«*, giftete eine Hamburger Illustrierte. *»Berlin, die Hauptstadt der Sozialhilfeempfänger und der Arbeitslosen«*. Die Landesfürsten der Gegenwart versuchten wie schon diejenigen der Vergangenheit, einer Hauptstadt Berlin Steine in den Weg zu legen und warnten vor gefährlichem Zentralismus.

Dabei war Spreeathen auch noch als Hauptstadt Preußens eine ganz normale Residenzstadt, die wenig Aufhebens machte. Das änderte sich erst mit der Industrialisierung und mit der verspäteten Nationwerdung Deutschlands.

In nur wenigen Jahrzehnten seit dem späten 19. Jahrhundert entwickelt sich die Stadt an der Spree zu einer der führenden Metropolen der damaligen Welt, sie wird die bedeutendste Industrieregion neben dem Ruhrgebiet und ein europäischer Verkehrsknoten; Berlin wird der führende Finanz- und Medienplatz in Deutschland, ein Zentrum der Wissenschaft, aus dem zahlreiche Nobelpreisträger hervorgehen. Berlin wird zu einem Mittelpunkt für Bürgertum und Arbeiterbewegung und zu einem weltweit ausstrahlenden kulturellen Zentrum.

Berlin entwickelt sich schließlich zur Supermetropole, aber nicht zentralistisch wie etwa London oder Paris. In der Industrialisierung sind in Deutschland andere Städte mitgewachsen. Die spätere – zentralistische – Hauptstadt der DDR ist als solche ein historischer Sonderfall.

Die Nazis begegnen der Stadt mit Misstrauen. Für sie war Berlin Zentrum der verhassten Republik, ein Ort der Dekadenz, des jüdi-

schen Finanzkapitals und der entarteten Kunst, des Liberalismus und des Kommunismus. Ihre heimliche Hauptstadt blieb München, Ort der Parteitage war Nürnberg. *Zur Entwicklung Berlins als Hauptstadt: Werner Süß, Charakterfragen, Berlin, FU, 2007* Berlin war Machtkulisse und Hauptstadt, aber es war auch das Zentrum des Widerstandes. Mit den Nazis begann der Niedergang Berlins, und während sie es zu ihrer Machtzentrale erkoren, vertrieben und ermordeten sie schon einen Großteil seiner Eliten.

Nach dem Mauerbau kehrte schließlich alles, was zu dieser Zeit zur Elite gezählt wurde, dem Westteil der Stadt den Rücken. Von den Großunternehmen blieb nur der Pharmakonzern Schering, (heute: Bayer-Schering-Pharma), alt eingesessene originäre Berliner Firmen verließen die Stadt mit ihren Leuten und mit ihrem Wissen – ein Aderlass ohne Beispiel. Und ohne den Funktionsverlust Berlins hätten sich andere deutsche Städte wie Frankfurt, Hamburg, aber vor allem München nicht zu dem entwickeln können, was sie heute sind.

Der wirtschaftliche Niedergang Westberlins wurde kompensiert durch Infusionen aus Bonn, der westdeutschen kleinen Stadt, die zum ersten Regierungssitz der Bundesrepublik wurde und die es nach dem Willen vieler auch hätte bleiben sollen. Ein Stachel im Fleisch des Kommunismus sollte Westberlin sein, das Schaufenster zur freien Welt – über dessen politisch korrekte Schreibweise in den folgenden Jahrzehnten erbitterte ideologische Schlachten ausgefochten wurden; Marketingexperten freuten sich über den geschlossenen »Testmarkt«.

Berlin, Hauptstadt der DDR, war Hätschelkind der Partei, gut versorgt mit Mangelware, misstrauisch beäugt von den anderen Städten, aber immer die urbanere der beiden Stadthälften, großzügig in der Anlage, wo Westberlin sich in manchen Bezirken dem Gemütlichkeitswunsch zugezogener Kleinstädter beugen musste.

Die Westberliner hielten trotzig durch in der Mauer – mit großer Klappe und acht Prozent Berlinzulage – und noch heute kämpft die ganze Stadt mit den Folgen der Krankheiten des Subventionszeitalters einerseits, der zentralistischen Überversorgung andererseits und den allseits äußerst eng geknüpften Netzwerken. Und mit den Folgen eines erneuten Aderlasses nach der Wiedervereinigung. Fast über Nacht wurden in Berlin die Subventionen gestrichen, man ließ nicht viel aus, um die Stadt handlungsunfähig zu machen. Die verbliebene Industrie – die keinerlei Lust auf »freie Marktwirtschaft«

hatte, wanderte wiederum ab, für viele Bürger der östlichen Stadthälfte folgte auf den Freudentaumel der soziale Absturz, die Arbeitslosigkeit schnellte in die Höhe, und in den 90er-Jahren überholte der Westen sogar den Osten. Sie können's halt nicht, hieß es. Die beiden größten deutschen Städte zu einer zu machen, nebenbei die Wunden des Kalten Krieges zu heilen, ökonomischen Kahlschlag zu kompensieren.

Berlin ist wieder das Zentrum der Hochkultur und auch vieler Subkulturen, die aus den Metropolen der Welt nach und nach an die Spree übersiedeln. Die Wirtschaft zieht langsam an, mehr und mehr Unternehmen schätzen die Nähe der großen Politik – Anfänge und Neuanfänge. Und was hinter großer Oper, Nofretete, Museumsinsel und Currywurst trotz Langer Nächte und Tagen der offenen Türen noch immer nicht richtig wahrgenommen wird – vor allem in der Wirtschaft nicht: Berlin ist ein Zentrum der Wissenschaft, ein Standortvorteil, den die Stadt selbst noch nicht richtig nutzt.
Auf beiden Seiten der Mauer hatte man in Zeiten des Kalten Krieges viel in die Forschung investiert. Heute zählt Berlin zu den größten und dichtesten Wissenschaftsstandorten in Europa. An vier Universitäten, sieben Fachhochschulen, drei Kunsthochschulen, 15 privaten Hochschulen, der Berlin-Brandenburgischen Akademie der Wissenschaften und über 70 außeruniversitären Forschungseinrichtungen lehren, forschen und arbeiten über 50.000 Menschen. Über elf Prozent der Patentanmeldungen der Wissenschaft in Deutschland kommen aus Berlin. Rund 133.000 Studierende sind an den Berliner Hochschulen eingeschrieben, etwa 15 Prozent davon kommen aus dem Ausland. Viele wollen bleiben.
Die deutschen Eliten bleiben – vorerst – in Frankfurt, Düsseldorf, München.

Schon der preußische Adel war Berlin gegenüber reserviert. Man blieb lieber in Potsdam, klein, schön, übersichtlich, fern der »Massen«. Heute ist Potsdam die Hauptstadt Brandenburgs, eines Bundeslandes, das ebenfalls mit Strukturwandelproblemen der Sonderklasse zu kämpfen hat.

Von Berlin nach Potsdam fährt man heute mit der S-Bahn; die erste Eisenbahnstrecke Preußens, die so genannte Stammbahn, war schon 1838 zwischen den beiden Städten eröffnet worden.

POTSDAM

Die Gründung der historischen Mark Brandenburg geht auf das frühe 12. Jahrhundert zurück. Von 1415 bis 1918 regierten die Hohenzollern, mit der Gründung Preußens 1701 wurde es zu dessen Kernland. Die 1815 geschaffene preußische Provinz Brandenburg wurde nach Kriegsende zum Land Brandenburg, das 1990 als Bundesland der Bundesrepublik neu gegründet wurde.
1345 hatte Potsdam das Stadtrecht erhalten, blieb aber ein Marktflecken, bis der Große Kurfürst sich seiner als zweiter Residenz annahm und damit einen Entwicklungsschub einleitete. Das Stadtschloss entstand 1660, die ganze Umgebung wurde »verschönert«. Der Zuzug von 20.000 gut ausgebildeten protestantischen Hugenotten verhalf der Region zu weiterem Aufschwung. Unter dem Soldatenkönig Friedrich Wilhelm I. wird Potsdam Garnisonsstadt, sein Sohn, Friedrich II., der Aufklärung zugetan, lässt sich Sanssouci als Sommersitz bauen, die Bürgerhäuser erhalten Barockfassaden, die Farben sind italienisch.
Die Schlösser, Gärten und Parks der Potsdamer Kulturlandschaft sind seit 1990 UNESCO-Welterbe, das sich auf insgesamt 500 Hektar Parkanlagen mit 150 Gebäuden aus der Zeit von 1730 bis 1916 erstreckt.

Mitten in der Hochkultur wohnt die Wissenschaft. Teile der UNIVERSITÄT POTSDAM »residieren« im Neuen Palais, andere wiederum im Park Babelsberg nahe der Großtradtion deutscher Filmgeschichte. Etwas weiter westlich, im Wissenschaftspark Golm, liegen die Universitätsinstitute in unmittelbarer Nachbarschaft zahlreicher außeruniversitärer Forschungseinrichtungen und technologielastiger Unternehmen. Und mit zunehmender Bausubstanz weicht die einstige Hightechtristesse einer durchaus sympathischen Sciencefiction-Szenerie.

Eines der Hauptprobleme in Brandenburg ist es, das Wissen in der Region zu halten. Deshalb wurde an der UNIVERSITÄT POTSDAM die Gründungsberatung vor allem mit dem Ziel eingerichtet, die klugen Köpfe brandenburgisch bleiben zu lassen. Und auch der klare strukturpolitische Auftrag der Transferstelle erklärt sich aus ihrer eigenen Gründung, die nämlich – wie an anderen brandenburgischen Hochschulen auch – vom Wirtschaftsministerium initiiert wurde und bis heute getragen wird. Nach dem Willen der Politik sollten auch die Hochschulen des Landes wirtschaftliche Prozesse tragen; Wissenschaft wurde im Standortmarketing ein selbstverständlicher Faktor. Doch im Zusammenwirken mit den bereits ansässigen Unternehmen zeigte sich schnell ein gravierender Nachteil: Sie sind zu klein. Viele der Unternehmen sind dies, weil sie nach der Wende gemäß dem Motto »Not macht erfinderisch« entstanden. Geschäftsgründung war die Alternative zur Arbeitslosigkeit. *»Dabei ist Gründen schwierig und teuer, und Geld ist schwer zu bekommen«*, sagt Andreas Bohlen, Transferbeauftragter der UNIVERSITÄT POTSDAM. Diese Erfahrung machen auch heute noch die »High Potentials«, die sich aus der Universität ausgründen wollen. Die derzeitige Förderpolitik verhindere eher, dass etwas wachsen kann, und *»viel verdampft in einer überbordenden Bürokratie«*, weiß Bohlen. Nun ist die Überlegung seitens der Universität, für einige Zeit ein institutionelles »schützendes Dach« über Neugründungen zu wölben, *»damit sie überhaupt erst einmal anfangen können«*.

Es würde sich lohnen, das Gründungsgeschehen zu vereinfachen. Potsdam hat eine außerordentlich hohe Wissenschaftsdichte – die geo- und klimawissenschaftlichen Forschungseinrichtungen auf dem Telegrafenberg sind weltweit ausstrahlende Leuchttürme. In der Potsdamer Speicherstadt wird dieser geballten Kompetenz dann noch ein Schnittstelleninstitut beigesellt, das vorhandene klimawissenschaftliche Erkenntnisse für Politik, Wirtschaft und Gesellschaft aufbereitet – ein »Cluster«, der weltweit ohne Konkurrenz sein wird.
Auch an der UNIVERSITÄT POTSDAM, die sich mit rund 18.000 Studierenden zur mittelgroßen Spitzenuniversität entwickeln will, sind die Geowissenschaften stark, aber auch die Schwerpunkte im Gesundheitsbereich: hier besonders Fragen aus der »Telemedizin« und – ein starkes Zukunftsthema in einer älter werdenden Gesellschaft – innovative Ansätze in einem Feld, das man heute »Assisted Living« nennt.

Wendemanöver

Nicht alles war glatt gelaufen in den tektonischen Verschiebungen der Nachwendezeit. »*Wir haben beleuchtete Wiesen finanziert*«, beschreibt Klaus-Peter Schulze, bis August 2008 Chef der ZukunftsAgentur Brandenburg (ZAB), einer One-Stop-Agency für Wirtschaft und Wissenschaft, selbstkritisch die Kinderkrankheiten der Wiedervereinigung. Es gab Gewerbegebiete mit Wasser und Strom und Bürgersteig. Aber ohne Gewerbe. Zonenrandförderung, die schon so fest in den Scharnieren der Gewohnheit saß, dass sie rostete, wurde – nicht nur in Brandenburg – eins zu eins auf eine spektakulär neue und völlig unbekannte Situation übertragen. Das Problem lag vor dem Problem, man erkannte nicht, welches Problem man eigentlich hatte.

»*Heute investieren wir mehr in Köpfe*«, fasst Schulze, inzwischen im Wirtschaftsministerium für Standortpolitik zuständig, die Erfahrungen zusammen. Internationale Investoren fragen nämlich nicht zuerst nach Förderung, sondern nach Fachkräften.

»*Was Unternehmen vor allem brauchen, ist eine Verankerung in der Region*«, ist Schulze überzeugt. Andernfalls ist die Gefahr der Abwanderung sehr groß. Wissenschaftlichen und wirtschaftlichen Kahlschlag, wie er nach der Wende betrieben wurde, aufzuholen, ist aber alles in allem »ein steiniger Weg«.

Als Ansiedlungsregion ist Brandenburg für so manches Unternehmen attraktiver als Berlin, weil vieles unkomplizierter ist und schneller geht. Berlin war lang verwöhnt, Westberlin durch Subventionen und Ostberlin durch den Hauptstadtstatus. Da lässt man sich mit manchen Vorgängen immer noch viel Zeit, während sich das Umland, das sich immer schon nach der Decke strecken musste, gute Gelegenheiten nicht entgehen ließ.

»Was Unternehmen vor allem brauchen, ist eine Verankerung in der Region«

»Es geht gar nicht darum, in die Forschung hineinzureden …«

Von Potsdam aus fahren wir kurz nach Dahlewitz im Landkreis Teltow-Fläming, 10 Kilometer von der südlichen Berliner Stadtgrenze entfernt und ganz in der Nähe des Flughafens Schönefeld gelegen.

DAHLEWITZ Bei Rolls Royce denkt man in der Regel zuerst an die Autos, die auf Wunsch mit Chauffeur geliefert werden. Dabei ist Rolls Royce vor allem einer der weltgrößten Hersteller von Flugzeugtriebwerken. In Dahlewitz werden Turbinen gebaut, die später eine der ganz großen Verkehrsmaschinen antreiben werden.

1993 kam Rolls Royce nach Dahlewitz, damals noch BMW-RR, weil das Land Brandenburg die Ansiedlung substanziell ermutigt hatte. Man setzte das Werk auf die grüne Wiese und bekam zunächst – wie jedes Werk – die komplette Technologie vom Mutterhaus geliefert. Aber bald wurde der Kontakt zur Forschung außer Haus notwendig, erzählt Helmut Richter, bei RR Deutschland zuständig für »Concepts and Technology«, zumal die Grundlagenforschung zur Triebwerktechnologie nicht im Unternehmen betrieben wird. Hier findet aber die Validierung statt, der Test also, ob sich die Theorie auch in die Praxis umsetzen lässt.

Das Deutsche Zentrum für Luft- und Raumfahrt (DLR) in Berlin ist eine Art natürlicher Kooperationspartner für die Triebwerkbauer ebenso wie die Bundesanstalt für Materialprüfung (BAM). Eng ist die Kooperation mit dem Institut für Strömungsmechanik und Technische Akustik an der Berliner TU, aber die Wissenschaft lebt nicht nur in der Hauptstadt. *»Die Zusammenarbeit mit der* BTU Cottbus *läuft hervorragend«*, freut sich Richter. Man entwickelt gemeinsam langfristige Strategien, stimmt sich eng aufeinander ab, es wird diskutiert, und, so Richter: *»Es geht gar nicht darum, in die Forschung hineinzureden …«*

Seit den 90er-Jahren haben sich die Kooperationen mit den Hochschulen tendenziell gebessert, findet Richter. Aber er spricht ein grundlegendes Problem an. In bestimmten Regionen der Wissenschaft werde immer noch geglaubt, dass »die« Wirtschaft, die ja schließlich Geld besitze, lediglich den Staat zu ersetzen habe, *»und so denken manche, dass wir die Sponsoren ihrer Hobbys sind.«*

Rolls Royce hat sich verankert in der Region, ist ein großer Arbeitgeber, ein Wirtschaftsfaktor und will auch nicht mehr weg aus Dahlewitz. Richter: *»Schließlich haben wir investiert.«*

Investiert wird auch in einer ausgemachten Boombranche der Region. Biotechnologie, Life Sciences und Medizintechnik sind die starken Themen. Potsdam ist ein führender europäischer Biotech-Standort, eingebettet in die berlin-brandenburgische Biotech-Region mit inzwischen 180 Unternehmen, die mehr als 3.500 Beschäftigte zählen. Besonders der Wissenschaftspark Golm, der sich zu einem leistungsfähigen Zentrum für Biotechnologie entwickelt hat, ist ein attraktiver Standort für innovative Unternehmen. Das gute Gemisch aus zahlreichen Universitätsinstituten, drei Max-Planck-Instituten und zwei Einrichtungen der Fraunhofer-Gesellschaft sowie aufstrebenden Hightech- und Dienstleistungsunternehmen schafft ein quirliges Leben, und man vergleicht sich schon ganz gern mit Adlershof.
Über die Hälfte der Biotech-Unternehmen sind Ausgründungen aus Universitäten und anderen Forschungsinstituten. Zusammen mit sechs Biotechnologieparks und 13 fachspezifischen Netzwerken in der Region ist man ein europäischer Spitzenstandort.

Nach Auffassung der Experten liegt hier das Mittelstandspotenzial der Region, die in diesem Falle tatsächlich auch länderübergreifend funktioniert – auf Seiten der Wirtschaft allerdings schon besser als in der Wissenschaft. Für alle zusammen bietet BioTop Berlin Brandenburg eine zentrale Anlauf- und Koordinierungsstelle. BioTop hilft beim Clustern, beim Gründen und beim Transfer, und es ist Teil eines ungleich größeren Gesundheitsclusters in der Hauptstadtregion, genannt Health Capital. Zu diesem Cluster gehören Grundlagenmedizin und zahlreiche Kliniken; Berlin besitzt die größte Hochschulmedizin Europas mit weltweitem Renommee in Forschung und Lehre; man kann an eine große Tradition anknüpfen.

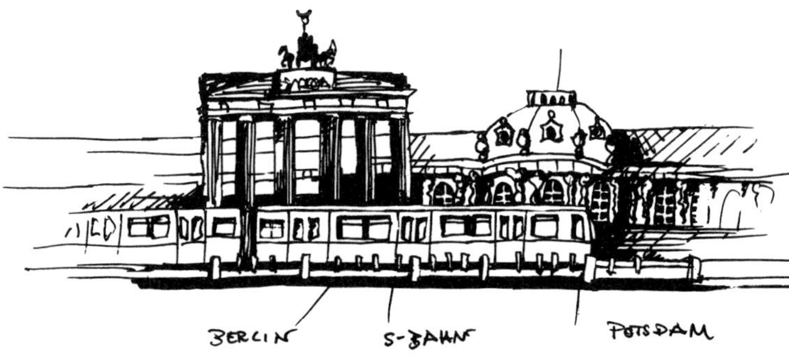

Fachhochschule für Wirtschaft (FHW)
Orientierung an der Praxis ist wie auch an anderen Fachhochschulen Grundsatz an der FHW, vor allem im Fachbereich Berufsakademie, in dem ca. 1.650 duale Studienplätze in 15 Disziplinen angeboten werden.
Im Bereich Wirtschaft gibt es Betriebswirtschaftslehre mit den Studienrichtungen Bank, Dienstleistungsmanagement, Facility Management, Handel, Immobilienwirtschaft, Industrie, International Business Administration, Spedition/Logistik, Steuern und Prüfungswesen, Tourismus und Versicherung sowie den Studiengang Wirtschaftsinformatik. Der Studienbereich Technik umfasst die Studiengänge Bauwirtschaftsingenieurwesen, Informatik und Maschinenbau. 480 Betriebe und Unternehmen, insbesondere der Region Berlin-Brandenburg, sind Partner der Berufsakademie.

An der CHARITÉ-UNIVERSITÄTSMEDIZIN BERLIN ist man stolz auf die vielen Nobelpreisträger für Medizin und Physiologie, die aus dem Haus hervorgegangen sind – unter ihnen Emil von Behring, Robert Koch und Paul Ehrlich, und in über 100 Kliniken und Instituten mit mehr als 12.800 Vollzeitbeschäftigten erwirtschaftet die CHARITÉ rund eine Milliarde Euro Umsatz pro Jahr und ist damit Berlins zweitgrößter Arbeitgeber. Zusammen mit Einrichtungen der Rehabilitation und der Prävention – bis hin zur Wellness – zählt man 340.000 sozialversicherungspflichtig Beschäftigte in diesem Sektor insgesamt. *»Die Wachstumsraten sind einstellig im oberen Bereich«*, sagt Günter Stock, Sprecher des Netzwerkes HEALTH CAPITAL BERLIN-BRANDENBURG und Präsident der BERLIN-BRANDENBURGISCHEN AKADEMIE DER WISSENSCHAFTEN. *»Die Region bildet die gesamte Wertschöpfungskette des Gesundheitsmarktes ab«*, sagt Stock. *»Aber wir brauchen neue Berufe und entsprechend neue Ausbildungs- und Studiengänge.«* Vorreiter war hier die Berliner Fachhochschule für Wirtschaft (FHW), die als eine der ersten Hochschulen in Deutschland einen interdisziplinären und praxisorientierten MBA-Studiengang »Health Care Manager« anbot.
Aber insgesamt ist noch viel zu tun, weiß Günter Stock: *»Der Schlüssel zum weiteren Erfolg bleibt das enge Zusammenspiel von Forschung, Entwicklung und Aus- und Weiterbildung mit Produktion, Anwendung und Versorgung.«*

Das größte Unternehmen im HEALTH CAPITAL-Cluster ist eine sehr alte Berliner Firma. Ernst Schering gründete 1851 in der Berliner Chausseestraße die »Grüne Apotheke«, die sich rasch zu einer »Chemischen Fabrik« entwickelte und schon 1871 in eine Aktiengesellschaft umgewandelt wurde.
Seit 2006 gehört SCHERING, eines der wenigen Berliner Großunternehmen, die nach dem Mauerbau die Stadt nicht verließen, zum Leverkusener BAYER-KONZERN und trägt seitdem den Namen BAYER SCHERING PHARMA.
»Die klinische Landschaft ist einzigartig in Europa«, sagt Matthias Gottwald, Leiter der externen Forschungs- und Entwicklungspolitik des Unternehmens. Das massive Aufgebot an einschlägiger Wissenschaft der ersten Qualität und die rasant wachsende Unternehmenslandschaft in Biomedizin, Medizintechik, Diagnostik und Informationstechnik beleben Gedanken und Geschäfte. Das weltweit aktive Unternehmen schätzt die räumliche Nähe sowie die kurzen Wege in

dieser facettenreichen Landschaft. *»Die Region bietet großes Potenzial«*, freut sich Gottwald. Dennoch: Man muss noch besser zusammenarbeiten. *»Wichtig ist ein kontinuierlicher Dialog«*, sagt Gottwald. Noch gebe es im Zusammenwachsen des Clusters zu viele Parallelstrukturen: *»Man sollte nicht zu viele Ansätze nebeneinander fahren.«*

»Wir brauchen neue Berufe und entsprechend neue Ausbildungs- und Studiengänge«

Berlin ist also eine Reise wert für den, der gesund bleiben will. Aber auch andere Branchen haben starke Zuwachsraten. Von 100.000 Berliner Unternehmen sind etwa 3.000 technologie- und innovationsorientiert. Spezialmaschinenbau und Chemie gehören zu den Zukunftsbranchen. 12.000 Unternehmen zählen zur Kommunikations- und Medienbranche, stark im Kommen sind vor allem Verkehr und Mobilität. Zu Lande mit dem größten Kreuzungsbahnhof Europas – Berlins neuem Hauptbahnhof im Herzen der Stadt. Die Zuwachsraten der Luftfahrttechnologie heben ebenfalls ab – inklusive der dazu passenden forschenden Überflieger. Die LOGISTIK-INITIATIVE BERLIN-BRANDENBURG bündelt die wirtschaftlichen und die wissenschaftlichen Kräfte der Zukunftsbranche, um den Standortvorteil Berlins in der Mitte Europas zum Vorteil der Region zu nutzen.

»Beim Wissenstransfer sind Angebot und Nachfrage nicht kompatibel«

Was noch nicht so bewegt und beflügelt ist, wie man es sich wünscht, ist der regionale Wissenstransfer. *»Angebot und Nachfrage sind räumlich und zeitlich nicht kompatibel«*, sagt Bruno Broich, Leiter der TECHNOLOGIESTIFTUNG BERLIN. Er wünscht sich vor allem, dass die Hochschulen ihre »Transferphilosophie transparenter« machen und sich einmal die Frage stellen: Was kann – abgesehen von Einzelkooperationen – die regionale Wissenschaft für die regionale Wirtschaft tun? Umgekehrt habe aber auch die regionale Wirtschaft zu wenige Fragen an die Wissenschaft, findet Broich. Das Fehlen der rechten Wahrnehmung und passender Instrumente für die Zusammenarbeit treffen ungünstig aufeinander. Man schweigt in allen Berliner Dialekten, und die Drittmittelbilanz spricht eine deutliche Sprache: Das Verhältnis von öffentlicher Förderung zu Industrieförderung allgemein zu Drittmitteln aus der regionalen Industrie liegt bei 100:20:1. *»Es gibt in Berlin noch eine strukturelle Schieflage«*, sagt Broich. Was fehlt, ist der Kreislauf, in dem die Mittel fließen.

»Die Hochschulen müssen ihre Transferphilosophie transparenter machen«

Tatsächlich ist aber die Lage alles andere als hoffnungslos. Doch vieles geht im Rauschen unter; Berlin ist groß und unübersichtlich. Da übersieht man leicht die hohen Zuwachsraten in den Berliner Kompetenzfeldern, übersieht industrielle Schwergewichte der Region wie den Turbinenbau, der zu den größten in Europa gehört. Mehr und mehr Unternehmen kommen mit ihren FuE-Hubs nach Berlin, und einer der Vorteile zeigt sich auch im berühmten Wort von der Not, die erfinderisch macht. In Berlin wie auch in Brandenburg findet es trotz aller Schwierigkeiten seine schönste Bestätigung.
Die Humboldt-Innovation GmbH der Humboldt-Universität zu Berlin berät, begleitet und beteiligt sich an forschungsbasierten Spin-Offs, wobei ihr die guten Kontakte, die sie als quasi »Verwertungsgesellschaft« zur Wirtschaft hat, zugute kommen. Das entsprechende Gegenstück an der Freien Universität Berlin heißt »profund« und hilft ebenfalls beim Gründen.

Pionierarbeit auf diesem Gebiet leistete aber bundesweit die Technische Universität Berlin, die ihren risikobereiten klugen Köpfen schon seit 25 Jahren erfolgreich in die Selbstständigkeit hilft. Inzwischen sind daraus 6.000 höchstqualifizierte Arbeitsplätze entstanden.
Und: *»Die Ausgründungen bleiben zu fast 80 Prozent in Berlin«*, sagt Agnes von Matuschka, die heute den Gründungsservice der TU leitet. Die Lieblingsbranchen der Jungunternehmer sind Elektrotechnik, Informatik, Maschinenbau und Verkehrswesen. Bei der Softwareentwicklung überwiegen B2B-Lösungen, Dienstleistungen sind in der Regel industrienah. *»Natürlich werden auch uns die Ingenieure aus der Hand gerissen«*, sagt von Matuschka. Deshalb geht es bei der Gründungsberatung auch darum, den Absolventinnen und Absolventen die Option Selbstständigkeit als Alternative zum Angestelltenverhältnis aufzuzeigen. Wenn nämlich – entgegen einem klassischen

Vorurteil vieler Studierender – der Glamour der Beschäftigung beim Großkonzern verblasst ist, weil man nur ein Rad im Getriebe ist und nicht wirklich nach seinen Möglichkeiten arbeiten kann, hat man sich zumindest schon einmal mit dem Gedanken befasst, dass auch die Selbstständigkeit ein Karriereweg ist. *»Deswegen ist es so wichtig, Vorbilder zu zeigen«*, sagt von Matuschka. Und davon gibt es an der TU inzwischen eine Menge.

Der TU-Maschinenbauer Kai Desinger machte eine Erfindung, auf deren Grundlage die Geräteproduktion der CELON AG MEDICAL INSTRUMENTS« ruht, die »Bipolare Radiofrequenz-induzierte Thermotherapie (RFITT). Mit ihrer Hilfe wird krankes oder überschüssiges Gewebe gezielt durch Erhitzen auf mindestens 60 Grad Celsius zerstört. Operationen, die früher nur mit stationärem Aufenthalt möglich waren, werden so ambulant und mit deutlich weniger Schmerzen für die Patienten durchgeführt.
Dass eine Unternehmensgründung kein Sonntagsspaziergang ist, hat Desinger am eigenen Leibe erfahren. Heute gibt er seine Erfahrungen an Jüngere weiter – in einem Lehrauftrag an seiner alten Universität, im »Investment Komitee« des »High-Tech-Gründerfonds« oder im Beirat »Wissens- und Technologietransfer«, der die Landesregierung Brandenburg berät.
Inzwischen ist sein Unternehmen in ein größeres integriert. Der Firmengründer sieht das durchaus als einen Vorteil an. *»Celon und seine Mitarbeiter haben eine gesicherte Zukunft innerhalb eines großen Blue-Chip-Konzerns.«*

Die Gründungen in der Nähe der TU verlaufen nach dem Muster einer stillen Revolution. Im Spreebogen und auf alten Industriebrachen, die im Zuge der Neustrukturierung der City West neu bespielt werden, wächst ein Hightech-Industriecluster, ohne noch viel Aufhebens von sich zu machen. Vor allem entstehen auch hier – wie in ähnlichen Konglomeraten – Unternehmen in Zukunftsbranchen, die weder Sprachprobleme mit der Wissenschaft noch Protokollbarrieren ihr gegenüber haben, weil sie in der Regel selbst aus ihr stammen, direkt für sie arbeiten oder von ihr leben – und die auch hier das gängige Vorurteil der Studierenden gegenüber dem »muffigen« KMU-Sektor ausräumen können.

Sozusagen von Cluster zu Cluster versteht man sich auch bestens mit den Kollegen im Südosten der Stadt, die Verflechtungen im besten Sinne sind zahlreich. Knapp 20 Kilometer misst die Strecke. Wir fahren die Straße des 17. Juni hinauf bis zum Brandenburger Tor. Wo man früher den »amerikanischen Sektor« verließ, steht heute die US-Botschaft, die Franzosen residieren gegenüber, die Briten um die Ecke in der Wilhelmstraße, die Russen ein paar Meter weiter – die »vier Mächte« sind zusammengeblieben. Die viel besungenen »Linden« führen uns bis zur Friedrichstraße, wo wir unter den Augen von 8 bis 10 Millionen Touristen jährlich nach rechts abbiegen könnten (der Tourismus ist ebenfalls ein milliardenschwerer Wirtschaftsfaktor). Wir halten uns nach wie vor südöstlich – als wollten wir nach Köpenick. Die »Landstraße« gleichen Namens geht über in das »Adlergestell« und schon sind wir da – in einem »Dorf«, das heute einer der 15 größten Technologieparks weltweit ist. Angefangen hat es einmal als ein Büdnerdorf von Kleinbauern.
Mit der S-Bahn wären wir übrigens schneller gewesen.

Auch Adlershof glänzt mit sprudelnden Wachstumsraten. Die Konzentration an wissenschaftlich-technischen Ressourcen der Grundlagenforschung ist einzigartig. Universitätsinstitute stellen eine kostbare Ressource für Innovationen in Wissenschaft und Wirtschaft bereit: hochqualifizierte junge Menschen. Doch auch in Adlershof zeigt sich die strukturelle Schieflage bei der Forschungsfinanzierung. Während im Bundesdurchschnitt der Staat mit etwa 15 Prozent an den FuE-Gesamtaufwendungen beteiligt ist, ist dies in Berlin gut doppelt so viel. In Adlershof zieht der Austausch zwischen Wirtschaft und Wissenschaft an. Doch die Netzwerke entstehen, wie sie allerorten entstehen: Langsam, vor allem zunächst auf informeller Basis und in guter Nachbarschaft.

Man legt keinen Wert darauf, etwas wie Silicon Valley zu sein

Auf 4,2 Quadratkilometern entsteht seit 1991 die »Stadt für Wissenschaft, Wirtschaft und Medien«, Arbeitsort für über 13.500 Menschen. Gut über 400 technologieorientierte Unternehmen mit über 4.500 Mitarbeitern, zwölf außeruniversitäre Forschungseinrichtungen mit rund 1.600 Mitarbeitern, darunter 800 Wissenschaftler, sind in Adlershof ansässig. Sie entwickeln, forschen und produzieren in den Bereichen Informations- und Medientechnologie, Photonik und Optische Technologien, Material- und Mikrosystemtechnologie, Umwelt-, Bio- und Energietechnologie. Die HUMBOLDT-UNIVERSITÄT ZU BERLIN ist hier mit ihren naturwissenschaftlichen Instituten vertreten. Ihnen gehören 6.600 Studierende, 130 Professoren und 735 weitere Mitarbeiter an. »Die Medien« zählen in Adlershof 145 Firmen – alle Zutaten für ein innovatives Milieu, das sich eben auf eigene Art entwickelt. Und so wenig die Ruhrmetropole Wert darauf legt, das »New York« Europas zu sein, muss man in Adlershof etwas wie »Silicon Valley« sein. Zumal derlei kenntnisarme Vergleiche unsinnig sind und durch ständige Wiederholung nicht richtiger werden.

Das Rad zurückdrehen will man in Berlin übrigens längst nicht mehr. Reindustrialisierung im großen Stil ist kein Weg, und die manchmal holprigen Versuche, an eine Größe vergangener Art anzuschließen, hat man inzwischen auch aufgegeben. Man fängt lieber noch einmal von vorn an.

Von Adlershof sind es nur drei S-Bahnstationen nach Schönefeld, wo demnächst BBI – Berlin-Brandenburg-International – als neuer Großflughafen geschätzte 22 bis 25 Millionen Passagiere umschlagen wird – für den Anfang.

Thomas Kropp ist »Leiter Konzernpolitik« und Bevollmächtigter des Vorstands der DEUTSCHEN LUFTHANSA AG für Berlin und Brandenburg. Das in Berlin gegründete Unternehmen, das seinen Hauptsitz in Frankfurt hat, ist außer am Main nur an der Spree mit seiner gesamten Dienstleitungspalette vertreten. »*Kurz nach der Wende hatten wir hier weniger als 100 Mitarbeiter*«, erzählt Kropp. »*Heute sind wir mit über 4.000 Beschäftigten in 25 Konzern- und Beteiligungsgesellschaften einer der größten privaten regionalen Arbeitgeber.*«

In Schönefeld, am Standort des neuen Flughafens, werden schon heute im zweitgrößten und renommiertesten Hightech-Simulatorzentrum der LUFTHANSA jährlich 50.000 Piloten von 106 verschiedenen Fluggesellschaften aus über 40 Ländern aus- oder weitergebildet. Sie sorgen nicht nur für permanenten Hochbetrieb im Trainingszentrum selbst – die Simulatoren sind an sieben Tagen in der Woche 24 Stunden lang im Einsatz –, sondern auch mit 100.000 Buchungen im vergangenen Jahr für gute Umsätze in der Berliner Hotellerie.

Der Konzern engagiert sich auch bei der Aus- und Weiterbildung für Luftfahrtberufe – übrigens auch in Zusammenarbeit mit anderen Unternehmen wie ROLLS ROYCE (s. o.) – weil man weiß, dass Berlin längst wieder einer der bedeutenden Industriestandorte in Europa ist, bald auch wieder führend in Logistik und Mobilität sein wird, eine Stadt mit einzigartiger Wissenschaftsdichte und Kulturlandschaft, die vor allem auch als Hauptstadt hochfliegende Aussichten hat. Unschlagbarer Vorteil der Spreemetropole aber ist der Zauber des Anfangs, die gute Luft für Pioniere, Zukunft pur eben.

»*1926 ist die* LUFTHANSA *in Berlin gegründet worden*«, sagt Thomas Kropp. »*Deshalb wollen wir hier auch in Zukunft vorne mitspielen.*«

BB1

ICK LIEBE DIR, ICK LIEBE DICH … Es zieht an in Berlin – Anfänge und Neuanfänge bestimmen die Szene. Vertreibung der Eliten und Teilung mit allen Folgen hatten der Stadt zugesetzt. Die Überversorgung zu beiden Seiten der Mauer wirft noch heute lange Schatten. Doch langsam wird der Standort zum Vorteil – auch für die Wirtschaft, die einstweilen auch ganz gern in Brandenburg siedelt, wo sich dem Nachwendekahlschlag eine Politik entgegensetzte, die konsequent Wissenschaft ansiedelte und schließlich zum Standortfaktor für die Region machte. In Berlin steht die Wissenschaft in der öffentlichen Wahrnehmung noch etwas scheu hinter Nofretete, Museumsinsel und Currywurst.

HIGHTECH

Biotechnologie und Medizintechnik, Gesundheitswirtschaft und -wissenschaft in der HEALTH CAPITAL, Kommunikation und Medien, Verkehr, Mobilität und Logistik, Luftfahrttechnologie und Turbinen. Elektrotechnik und Maschinenbau, Material- und Mikrosystemtechnologie – und die Klimaforschung.

HEIMATKUNDE

Der Wille, alte Speckgürtel zum Nutzen aller enger zu schnallen.
Die Besinnung auf große wissenschaftliche Traditionen.
Ein souveränes Bekenntnis zur eigenen Geschichte, ohne der Vergangenheit nachzutrauern.
Vielsprachigkeit, Unfreundlichkeit, Weltläufigkeit und viel geliebtes Spießertum.
Das Wissen, dass es immer eine Alternative gibt.
Schlösser, Gärten, Weltkulturerbe.
Nofretete, Museumsinsel und Currywurst …

Universität Potsdam
www.uni-potsdam.de
ZukunftsAgentur Brandenburg
www.zab-brandenburg.de/
Rolls Royce Deutschland
www.rolls-royce.com/deutschland/
BioTop Berlin-Brandenburg
www.biotop.de/

Health Capital Berlin-Brandenburg
www.healthcapital.de/
Berlin-Brandenburgische Akademie der Wissenschaften
www.bbaw.de
Fachhochschule für Wirtschaft
http://Fachhochschule für Wirtschaft

Bayer Schering Pharma
www.schering.de
www.bayerscheringpharma.de
TSB Technologiestiftung Innovationsagentur Berlin GmbH
www.technologiestiftung-berlin.de
Technische Universität Berlin
www.tu-berlin.de/

Celon AG Medical Instruments

www.celon.com

Technologiepark Berlin Adlershof

www.adlershof.de/

Deutsche Lufthansa AG

www.lufthansa.com

KOMFORTABLE MITTELLAGE

GELD UND ANDERE SCHÄTZE IN FRANKFURT/RHEIN-MAIN

Geld allein macht nicht glücklich, denkt man sich in Frankfurt/Rhein-Main, obwohl das an einem der bedeutendsten Finanzplätze der Welt natürlich eine Rolle spielt. Man nimmt Anlauf, auch andere Standortvorteile zu nutzen … und was macht außer Geld am glücklichsten? Gesundheit!

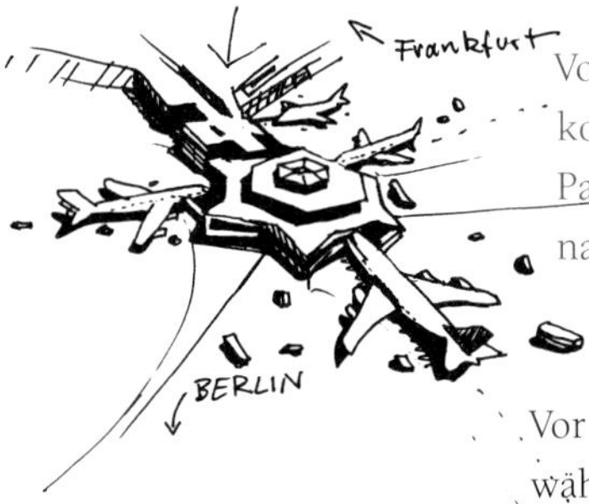

Von Berlin fliegen wir nach Frankfurt – wo man auf dem größten kontinentaleuropäischen Flughafen mit jährlich 50 Millionen Passagieren landet. Mit 500 Unternehmen, einer Bahn von Terminal zu Terminal und 65.000 Beschäftigten eine Stadt für sich.

Vor 1.200 Jahren wird Frankfurt zum ersten Mal urkundlich erwähnt. Es ist seit dem Hochmittelalter Freie Reichsstadt und schon seit dem 12. Jahrhundert ein bedeutender Messeplatz. Von 1848 bis 1849 tagten in der Paulskirche die Delegierten der Frankfurter Nationalversammlung, des ersten frei gewählten deutschen Parlaments. Heute ist die Stadt am Main unter anderem Sitz der Europäischen Zentralbank, der Deutschen Bundesbank und eines Teils der Deutschen Nationalbibliothek. Außerdem ist Frankfurt der geografische und funktionale Mittelpunkt eines »Verdichtungsraumes« mit 5,5 Millionen Einwohnern in malerischer Landschaft.
Flüsse und Mittelgebirge sorgen für schöne Ansichten, der Main durchbricht in teils engen Tälern und Schluchten das Rheinische Schiefergebirge. Der Spessart wurde berühmt durch ein Wirtshaus, der Taunus im Rheingau ist ein bevorzugter Siedlungsort für diejenigen, die es nach landläufiger Meinung »geschafft« haben, sein Südhang wie auch der Westhang des Odenwaldes gehören klimatisch zu den mildesten Gegenden in Deutschland. Aus Rheinhessen kommt ein berühmter Wein, die Wetterau hat fruchtbare Böden, und nicht weit von Frankfurt »wächst« der Äppelwoi.

Auch verkehrsgeografisch ist die Lage günstig. Die Region ist bereits seit der Mitte des 19. Jahrhunderts industrialisiert, und eine starke industrielle Basis gibt es nach wie vor: Automobil-, Maschinen- und Anlagenbau sowie Biotechnologie und Elektronikindustrie spielen hier die Hauptrollen.

Klare regionale Schwergewichte – aus denen wir Beispiele gelungener Kooperation von Wirtschaft und Wissenschaft vorstellen – sind außerdem Chemie- und besonders die Pharmaindustrie sowie am Finanzplatz Frankfurt natürlich alles, was mit Geld zu tun hat.

Nicht zu vergessen der Sektor Verkehr und Logistik – sind doch Flughafen, Frankfurter Kreuz und Hauptbahnhof jeweils die verkehrsreichsten in Europa. Anlass genug, sich auch in der Forschung zu bewegen.

ABSTECHER DARMSTADT

Wenn man von Frankfurt aus eine halbe Stunde in südliche Richtung fährt, kommt man nach Darmstadt, der »Wissenschaftsstadt«. Der Titel wurde ihr 1997 vom Hessischen Innenministerium verliehen. Sie verdankt ihn zahlreichen Forschungseinrichtungen und Instituten, der 1877 gegründeten TECHNISCHEN UNIVERSITÄT und den drei Fachhochschulen mit insgesamt mehr als 30.000 Studierenden bei insgesamt 140.000 Einwohnern.

Frankfurt besitzt zwar den größten Flughafen, dafür hat Darmstadt den ältesten. 1908 gründete der Flugpionier August Euler den ersten Flugplatz Deutschlands in Griesheim bei Darmstadt und errichtete ebendort 1909 die erste deutsche Fabrik für Motorflugzeuge. Als erster Deutscher machte er 1910 den internationalen Pilotenschein. Damals hieß die Lizenz »Flugzeugführerpatent«. Heute gehört der August-Euler-Flugplatz der TU DARMSTADT, die mit über 20 Professoren im Bereich Logistik eines der international bedeutsamen Forschungs- und Bildungszentren auf diesem Gebiet ist. Im Arbeitskreis Luftverkehr etwa wird umfassend technisch und gesellschaftlich für zukünftige Herausforderungen geforscht und ausgebildet. Gefördert wird von LUFTHANSA und FRAPORT, der Betreibergesellschaft des Frankfurter Flughafens, denn man braucht jede Menge gute Leute. In Darmstadt werden sie ausgebildet. »Traffic and Transport« heißt der Master-Studiengang für Überflieger.

Zurück nach Frankfurt …

Die Region Frankfurt/Rhein-Main erfreut sich einer Tatsache, die gemeinhin als Indikator für das hohe Ansehen der Wissenschaft und deren gute Verbindung zur Wirtschaft betrachtet wird.

An den Hochschulen der Region gibt es 92 Stiftungslehrstühle. Die meisten entfallen auf die vier großen Universitäten, wobei die JOHANN WOLFGANG GOETHE-UNIVERSITÄT in Frankfurt mit 47 Stiftungsprofessuren ganz vorn liegt.

Und dennoch:
Im Oktober 2008 unterzeichneten die Honoratioren der Region in der Deutschen Nationalbibliothek die »Erklärung zur Wissensregion FrankfurtRheinMain«, mit der die Bedeutung von Bildung und Wissen, Forschung und Innovation für die Entwicklung der Region noch einmal besonders unterstrichen wurde. *»Wissenschaft, Bildung und Innovation werden zukünftig zum entscheidenden Wettbewerbs- und Wachstumsfaktor und zu einer eigenständigen Wertschöpfungsquelle«*, sagt denn auch Frankfurts Oberbürgermeisterin Petra Roth. *»In der Vernetzung der wissenschaftlichen Einrichtungen mit Unternehmen besteht daher eine der wichtigen Zukunftsaufgaben der Region.«* So schlossen sich der *»Planungsverband Ballungsraum Frankfurt/Rhein-Main«*, die gleichnamige Wirtschaftsinitiative, das IHK-Forum und das Frankfurter Institut für Neue Medien zusammen, um eine Arbeitsgemeinschaft zu gründen, die nicht nur der vordringlich als notwendig empfundenen Vernetzung in der Region dienen soll, sondern die vor allem eines tun soll:
Wissenschaft für das Standortmarketing nutzen.

»Wissenschaft, Bildung und Innovation werden zukünftig zum entscheidenden Wettbewerbs- und Wachstumsfaktor und zu einer eigenständigen Wertschöpfungsquelle«

Es gibt aber einen Bereich, in dem die Vernetzung auf allen Ebenen schon hervorragend funktioniert.
Reden wir über Geld.

Frankfurt ist einer der bedeutendsten Finanzplätze weltweit und das Kompetenzzentrum für Geld und Währungspolitik im kontinentalen Europa. Ein Wirtschafts- und Kompetenzcluster ohne gleichen. Aus Tradition.
1901 gründete Wilhelm Merton, Gründer der Metallgesellschaft, Vater von Richard Merton, dem ersten Vorsitzenden des Stifterverbandes, als Handelshochschule der Stadt Frankfurt die Akademie für Sozial- und Handelswissenschaften. Sie war die Wurzel der 1914 von Frankfurter Bürgern gestifteten Universität und ihrer fünften Fakultät, der ersten wirtschaftswissenschaftlichen Fakultät in Deutschland.
An diese Gründungstradition knüpft die JWG heute in gewisser Weise wieder an. Seit dem 1. Janaur 2008 ist die Universität eine

Stiftung öffentlichen Rechts und hofft nun, die neue Freiheit mit substanzieller Beteiligung der Bürger und Kaufleute der Region genießen und ausbauen zu können.
Zurück zum Geld, das an der JOHANN WOLFGANG GOETHE-UNIVERSITÄT in allen seinen Spielarten erforscht wird.
Der Fachbereich Wirtschaftswissenschaften verdankt seine Existenz und Identität also einer frühen Kooperation zwischen Wirtschaft und Wissenschaft, und die Wirtschaft unterstützt auch heute den Fachbereich nicht nur aktiv in konkreten Forschungsprojekten, sondern zum Beispiel auch bei der Neuausrichtung seiner Lehr- und Forschungsfelder durch die Einrichtung von Stiftungsprofessuren. Darüber hinaus versichert man sich des Praxisinputs durch die Vergabe von Honorarprofessuren, für die man immer wieder die »names« der Finanzbranche gewinnen kann. So erklärt der Vorstandsvorsitzende der DEUTSCHEN BANK, Josef Ackermann, den Nachwuchsbankern die Geheimnisse des Internationalen Finanzsystems, redet in seinen Lehrveranstaltungen über nationale und internationale Geldpolitik oder über Bankpolitik und Bankmanagement.
Um den Finanzplatz weiter auszubauen und zu stärken, wurde 2003 das E-FINANCE-LAB gegründet, eine Kooperation der FRANKFURTER UNIVERSITÄT mit der TECHNISCHEN UNIVERSITÄT DARMSTADT und mit starker Beteiligung von Partnern aus der Wirtschaft. Industrialisierung der Banken und der Finanzdienstleistungen sind die Themen hier. Der stellvertretende Vorsitzende des Geldlabors heißt Clemens Jochum, kommt ebenfalls von der DEUTSCHEN BANK und freut sich über *»praxisnahe Forschung«* und *»regen Wissenstransfer«*. Vorsitzender des E-FINANCE-LAB ist Wolfgang König, Professor für Wirtschaftsinformatik an der Universität und seit neuestem auch Geschäftsführer *»eines der größten Leistungszentren des Kontinents in Recht, Finanzen, Geld und Währung«* wie der Präsident der JOHANN WOLFGANG GOETHE-UNIVERSITÄT, Rudolf Steinberg, es ausdrückte.

Stiftungsprofessur

Eine andere Art von Engagement praktiziert das Bankhaus bereits seit 1992. Mit einer Stiftungsgastprofessur für internationale Finanzwirtschaft will man dazu beitragen, dass die Frankfurter Universität im internationalen Standortwettbewerb mithalten kann. Die Fördermittel werden für ein Austauschprogramm eingesetzt, das Professoren der renommierten Wharton Business School in Pennsylvania als Gastprofessoren nach Frankfurt beruft und Frankfurter Professoren Forschungsaufenthalte an der Wharton School ermöglicht. Auch ein reger Studentenaustausch mit Praktika von US-Studenten im Hause Metzler und längeren Studienaufenthalten in Frankfurt hat sich etabliert. So profitiert Metzler bei der täglichen Arbeit vom aktuellsten Stand der Wissenschaft und kann akademischen Nachwuchs ans eigene Haus binden. Das Engagement von Metzler bei der Frankfurt School of Finance and Management (früher HfB, Hochschule für Bankwirtschaft) mit seiner berufsbegleitenden Ausbildung rundet das Förderbild ab.

Im House of Finance führt man in konzentrierter Form Expertise aus Wissenschaft und Wirtschaft zusammen. Mehr als einhundert Unternehmen aller Größen und Branchen engagieren sich bei diesem Public-Private-Partnership. Dazu kommen Verbände, Stiftungen und weitere Institutionen; die Hälfte der 150 Stellen ist privat finanziert. Mitarbeiter von Unternehmen sind am wirtschaftswissenschaftlichen Institut der Universität und im House of Finance nicht nur in die gemeinsame Forschung, sondern ganz massiv auch in die Lehre eingebunden, wie König erklärt. Das hat in Frankfurt Tradition.

Man bündelt die Kräfte, weil man ein ehrgeiziges Ziel hat. »*Wir konkurrieren nicht mit Hamburg oder München*«, sagt König. »*Wir treten gegen die Finanzplätze der Welt an, sei es in den USA, sei es Paris oder Madrid und besonders London*«, von wo der Wind der Konkurrenz besonders heftig weht. Finanzplatz von Weltrang zu sein, ist nur möglich, wenn man zusammenarbeitet und wenn der Transfer zwischen einzelnen Kompetenzclustern funktioniert. »*Die Region steht wie eine Eins hinter der Sache*«, betont König. »*Und umgekehrt steht das commitment aller Beteiligten für die Region ganz außer Frage.*« Doch wie gut auch immer die Rahmenbedingungen sein mögen. Wenn eine Voraussetzung nicht erfüllt ist, wird ein Vorhaben nicht von Erfolg gekrönt sein. »*Wichtig bei alledem sind die Personen*«, weiß Wolfgang König. »*Man muss erst einmal verstehen, was der andere kann, und man muss das auch schätzen können. Erst dann kann man begreifen, dass man sich gegenseitig helfen kann.*«

Norbert Enste zum Beispiel, Partner des Bankhauses Metzler und Mitglied des Kuratoriums des House of Finance, weiß, dass man durch die Förderung dieser Kooperation beste Lehr- und Forschungsbedingungen für die Finanzwissenschaften erzielen kann. »*Die Arbeit an den Kapitalmärkten ist eine echte Herausforderung*«, sagt der Banker. »*Die Geschäfte sind global miteinander vernetzt, die Finanzinstrumente entwickeln sich stürmisch weiter und verlangen differenziertes Expertenwissen.*« Gebraucht werden Finanzmathematik, Steuerrecht, IT in ihrer neuesten Form und nicht zu vergessen Politik- und Gesellschaftswissenschaften.

»*Vor allem von künftigen Führungskräften ist der Blick über den Tellerrand gefordert, um der wachsenden Komplexität gerecht zu werden*«, betont Enste. »*Deshalb kann die wissenschaftliche Ausbildung für ein Berufsleben in der Finanzwelt gar nicht gut genug sein.*«

»Unsere Förderung ist aber nicht gänzlich altruistisch«, fügt er hinzu. *»Wir sind uns sicher, selbst davon profitieren zu können.«* Genau wie der Kapitalmarkt in Deutschland, der Finanzplatz Frankfurt brauche auch das Bankhaus Metzler den exzellent ausgebildeten Nachwuchs. *»Wir wollen in Zukunft nicht nur international auf Ballhöhe sein, sondern auch selbst aktiv Impulse setzen.«*
So schließt sich der Kreis.

IDSTEIN

Von Frankfurt aus ist man in einer guten halben Stunde Fahrt in nordwestlicher Richtung in Idstein. 1102 erstmals urkundlich als »Etichenstein« erwähnt, erhielt es im Jahr 1287 die Stadtrechte verliehen. Idstein besitzt einen mittelalterlichen Stadtkern, und wer das Fachwerk liebt, ist hier richtig. Die kleine Stadt liegt an der Deutschen Fachwerkstraße – das älteste erhaltene Wohnhaus stammt aus dem Jahre 1410.

Wir kommen nun vom großen Geld zu einer anderen großen Tradition der Region. Wir sind in der »Apotheke Deutschlands«. Denn bereits im 15. Jahrhundert wurden hier zahlreiche Arzneimittelhäuser gegründet. Heute ist die Pharmazie so international wie die Finanzbranche und ein weiteres gewichtiges Pfund, mit dem man ökonomisch und wissenschaftlich wuchern kann. Ganz Große der Branche wie SANOFI-AVENTIS, BOEHRINGER-INGELHEIM oder STADA haben hier ihren Sitz. Die dazu passende Forschung gibt es aber nicht nur an den großen medizinischen und pharmazeutischen Fakultäten der Wissenschaftsregion, sondern auch in Idstein zum Beispiel, in dem ein berühmter Name zuhause ist.
Im Jahre 1848 gründete Carl Remigius Fresenius das »Chemische Laboratorium Fresenius«, das sich von Anfang an sowohl der Laborpraxis wie auch der Ausbildung gewidmet hat. Daraus entstanden ein weithin bekanntes Analyseinstitut und eine Hochschule. 1971 wurde die HOCHSCHULE FRESENIUS (HSF) als Fachhochschule in privater Trägerschaft staatlich anerkannt.
Die HSF bietet an ihrem Hauptsitz in Idstein und an fünf weiteren Standorten dreizehn Vollzeit- und sechs berufsbegleitende Studiengänge, sieben berufliche Ausbildungsgänge und vier Fort- bzw. Weiterbildungen in den Fachbereichen Chemie & Biologie, Gesundheit sowie Wirtschaft & Medien an. Eingebettet ist die Hochschule in ein

Netz vielfältiger Wirtschaftskooperationen vor allem in der Region. In Idstein sagte man sich, dass regionale Stärke in Zeiten der Globalisierung mit Weltläufigkeit einhergehen müsse. Mit einem neuen Aus- und Weiterbildungsangebot will man den internationalen Horizont von Beschäftigten zum Nutzen der heimischen Industrie, besonders des Mittelstandes, erweitern.

»Die langjährig Beschäftigten sind die eigentliche Substanz von Unternehmen«

Ebenso wie der Finanzplatz Frankfurt sieht man sich in der Branche starker internationaler Konkurrenz ausgesetzt. *»Auch Mittelständler sind zunehmend global player«*, sagt Gudrun Neises, Inhaberin der STADA-Stiftungsprofessur Gesundheitsmanagement und Dekanin des Fachbereichs Wirtschaft & Medien der HOCHSCHULE FRESENIUS, die das neue Angebot in Kooperation mit der regionalen Wirtschaft entwickelt hat. *»International orientiert – regional eingebunden«* ist das Leitbild des neuen CENTER FOR DIVERSITY AND INTERCULTURAL MANAGEMENT (CDIM). Ganz explizit geht es hier um die *»Förderung des Wirtschaftsstandortes durch Bündelung von öffentlichen Fördermitteln, Hochschulaktivitäten und Interessen von mittelständischen Unternehmen«*.

»Wir erhöhen mit diesem Angebot die Beschäftigungsfähigkeit der Bevölkerung«, sagt Gudrun Neises. Dabei sind neben Berufseinsteigern auch langjährig Beschäftigte in guten Positionen eine wichtige Zielgruppe – *»die eigentliche Substanz von Unternehmen«*, weiß Neises.

In der Region ansässige Firmen wie MUNDIPHARMA, STADA und andere Pharmaunternehmen lassen ihre Leute bei FRESENIUS ausbilden. Dabei profitieren sie von Kontakten zu internationalen Studierenden der HSF – in der Regel Führungskräfte vieler Branchen und Länder. Das wissen und schätzen auch die Vorstandsvorsitzenden großer Unternehmen, die gern als Lehrbeauftragte bei FRESENIUS unterrichten.

»Bildungspolitik ist Wirtschaftspolitik«, sagt Neises. Neue Märkte zu erschließen beim Lernen und Lehren verschafft klare Standortvorteile. *»Durch die Steigerung der Beschäftigungsfähigkeit können auch viele w überleben«*, erklärt die Dekanin. Jeder Arbeitsplatz in Biotechnologie- oder Pharmabranche generiert zudem einen weiteren bei Zulieferern.

»Globalisierung regional nutzbar machen«, bringt Neises es auf den

»Durch die Steigerung der Beschäftigungsfähigkeit können auch viele KMU überleben«

Punkt. Die Stadt hilft übrigens nach Kräften. Die Gäste fühlen sich wohl in Idstein ebenso wie die einheimischen Studierenden. Eine ansässige Bank vergibt Bildungskredite zu extrem günstigen Konditionen, die Lebensqualität insgesamt ist hervorragend in der Region, die Bewohner sind gut ausgebildet. Für die Pharmabranche mit ihrem extrem hohen Akademikeranteil ist das ein sehr wichtiger Punkt.

»Wenn man einen ›Cluster‹ mit Leben füllen will, braucht man große Pläne, und man muss kleine Schritte machen«, sagt Gudrun Neises. *»Und man braucht die richtigen Leute«*, so wie die Region die richtige Hochschule braucht. Die HOCHSCHULE FRESENIUS will *»der sozialen Verantwortung in der Rhein-Main-Region gerecht«* werden, heißt es im Gründungspapier zum »Center for Diversity and Intercultural Management«. *»Darüber hinaus wird der Prozess der regionalen Bewusstseinsförderung und Identifikation unterstützt«*. – Die Hochschule als »Good Citizen«.

»Wenn man einen ›Cluster‹ mit Leben füllen will, braucht man große Pläne, und man muss kleine Schritte machen«

Dazu passt das Unternehmen als »Good Citizen«. In diesem Falle die STADA ARZNEIMITTEL AG. 1895 als Apothekergenossenschaft in Dresden gegründet, 1956 an den heutigen Standort in Bad Vilbel übergesiedelt, gehört STADA weltweit zu den führenden Herstellern von Generika.

»Bei der Einrichtung des Stiftungslehrstuhls Gesundheitsmanagement an der HOCHSCHULE FRESENIUS spielte der regionale Aspekt eine große Rolle«, erklärt Kommunikationschef Axel Müller. Theoretisch hätte man auch in Hamburg oder München forschen können. Doch kurze Wege und gute Nachbarschaft sind ein wesentliches Element für den Erfolg, weiß man bei STADA.

Inhaltlich wollte man mit der Stiftungsprofessur ein Zeichen setzen und ganz bewusst einen Kontrapunkt zur Routine der forschenden Pharmaindustrie setzen. *»Arzneimittelforschung ist mehr als die Suche nach neuen Wirkstoffen«*, sagt Müller. *»Gesundheitsmanagement insgesamt ist ein hoch aktuelles Thema«*, fügt er hinzu. Besonders aber die Effizienzsteigerung beim Einsatz von Arzneimitteln, damit die best mögliche Wirkung für alle erzielt werden kann.

Das Forschungsanliegen war nach Auffassung des Unternehmens unter den zahlreichen Hochschulen der Region an der HSF am besten aufgehoben. *»In Unternehmen wird schnell gearbeitet und schnell entschieden«*, sagt Müller. Da braucht man an einer Forschungseinrichtung die richtige Grundgeschwindigkeit. Tempo und Größenzuschnitt der HSF sind genau richtig: *»Das passt«*.
Die Gesamtrechnung ist leicht. Je mehr qualifizierte Leute in der Region »produziert« werden, vor allem auch im Rahmen Quartärer Bildung, umso einträglicher für die Unternehmen. Die ihrerseits haben so den Grund und die Mittel, die Wissenschaft zu unterstützen. Müller: *»Am Ende hat man für alle eine Win-Win-Situation geschaffen.«*

»In Unternehmen wird schnell gearbeitet und schnell entschieden«

GELD UND ANDERE SCHÄTZE

Geld allein macht nicht glücklich, denkt man sich in Frankfurt/Rhein-Main, obwohl das an einem der bedeutendsten Finanzplätze der Welt natürlich eine Rolle spielt. Man hat viel von allem in einer auch klimatisch und geografisch begünstigten Region. Große wirtschaftliche Traditionen, die „Apotheke Deutschlands" und bedeutende Universitäten. Doch an der Vernetzung muss noch gearbeitet werden, wie man jetzt erkannt hat.

HIGHTECH

Geld, Chemie und Pharmazie, Logistik, Automobil-, Maschinen- und Anlagenbau, Biotechnologie und Elektronik und die Luftfahrt.

HEIMATKUNDE

Bürgerstolz, der seiner Stadt eine Universität stiftet.
Erfindungsreichtum und Bodenständigkeit – und das Wissen, dass Bildungspolitik auch Wirtschaftspolitk ist.
Gemütlichkeit im Äppelwoi-Cluster.

Technische Universität Darmstadt
www.tu-darmstadt.de
Johann Wolfgang Goethe-Universität Frankfurt
www.uni-frankfurt.de
Planungsverband Ballungsraum Frankfurt/Rhein-Main
www.planungsverband.de

House of Finance
www.houseoffinance.eu
B. Metzler seel. Sohn & Co.
www.metzler.com/
Hochschule Fresenius
www.fh-fresenius.de
Stada Arzneimittel AG
www.stada.de

... ALLES AUSSER HOCHDEUTSCH

DER BADEN-WÜRTTEMBERGISCHE TÜFTLERCLUSTER

… alles außer Hochdeutsch lernen wir im baden-württembergischen Tüftlercluster, wo man zudem außer Erfindungsreichtum und solidem Wirtschaften auch immer schon die Erkenntnis besaß, dass der Mensch nicht vom Brot allein lebt – er muss auch etwas lernen.

STUTTGART

Von Frankfurt aus reisen wir nach Süden, streifen noch einmal Darmstadt, fahren vorbei am Naturpark Bergstraße-Odenwald, lassen Heidelberg links und Heilbronn rechts liegen und nähern uns zunächst dem württembergischen Tüftlercluster, wo die »Brettelsbohrer« zu Hause sind. Württemberg hatte sich von der Grafschaft über das Herzogtum bis zum Königreich emporgearbeitet, seine Hauptstadt Stuttgart war 1219 zur Stadt erhoben worden. Danach erwarben es die Württemberger über eine dynastische Heirat und machten es im 14. Jahrhundert zum Zentrum ihres Staates. Bis 1918 war Stuttgart Haupt- und Residenzstadt Württembergs.

Arm an Bodenschätzen ist das Schwabenland, pietistisch fromm seine Bewohner, geübt in methodisch strenger Lebensführung. Ein echter Pietist ist dankbar für jede Prüfung, die ihm auferlegt wird, da sie ihn ein Stück weiter auf dem schmalen Weg ins Himmelreich bringt. Arbeiten und lernen sind gottgefällig, und da die Armut an natürlichen Ressourcen dazu zwang, anders über die Runden zu kommen und Müßiggang bedeutet hätte, dem lieben Gott den Tag zu stehlen, konnten die Schwabenkinder bereits seit dem 16. Jahrhundert die Volksschule besuchen – was schließlich sogar den Bauern der Region den Ruf einbrachte, »belesener und gewitzter« zu sein als andernorts der Adel. Bis heute sind die Schwaben erfindungsreich, wenn es darum geht, die Landeskinder etwas zu lehren und sie in Lohn und Brot zu bringen – eine klare Stärke der Region, von der hier unter anderem die Rede sein soll. Die klassischen Universitäten Baden-Württembergs wie Heidelberg, Tübingen oder Freiburg sind der Inbegriff deutschen gelehrten Lebens. Und zahlreich sind die akademischen Institutionen, die Theorie und Praxis miteinander verbinden.

Wer ein anständiges Leben führt, dem vergilt es der liebe Gott mit Wohlhabenheit – vorausgesetzt, man tut außerdem das, was man heute Corporate Social Responsibility (CSR) nennt: Spenden, Stiften und sich Kümmern. Dabei zeigt man auf keinen Fall her, was man besitzt. »*Warum fuhr Robert Bosch im Zug immer dritter Klasse?*«, fragt halbscherzend die Anekdote. »*Weil es keine vierte Klasse gab.*« Bis heute soll es in keinem anderen Bundesland so viele Vorstandsvorsitzende geben, die in einem Reihenhaus leben. Die Robert-Bosch-Stiftung gehört heute zu den großen Förderern von Bildung und Wissenschaft.

Was der Staat nicht tut, das schafft man eben selber. Hauptsache, es wird gelernt und später dann gearbeitet. Der Erfindungsreichtum der Schwaben ist so sprichwörtlich, wie es ihr Fleiß und ihre Sparsamkeit sind. Und tatsächlich sind im württembergischen Tüftlercluster eine Menge bahnbrechende Dinge geschehen.

Philipp Matthäus Hahn erfand die Rechenmaschine, Matthias Hohner die Mundharmonika, Artur Fischer einen Dübel.

1886 erfand Gottlieb Daimler in Stuttgart das Automobil, Robert Bosch die Zündkerze. Was danach geschah, ist deutsche und internationale Wirtschafts- und Technologiegeschichte. Allein die beiden letztgenannten Unternehmen beschäftigen heute so viele Menschen in der Region, dass es an die Einwohnerzahl einer kleinen Großstadt heranreicht.

Seit den 90er-Jahren wurde diskutiert, ob die relative Monostruktur – das Auto und seine Zulieferer – denn gut sein könne für die Region. Aber die Schwaben tun sich in allen Betriebsgrößen durch Innovationsstärke hervor – sie tüfteln und erfinden einfach immer weiter. 13 Millionen Euro geben allein Stuttgarter Unternehmen täglich für Forschung und Entwicklung aus. Die angestrebten drei Prozent FuE-Ausgaben der Lissabon-Strategie haben die Schwaben noch nie erreicht. Sie lagen immer darüber. Vor allem dank der Großen.

DAIMLER beschäftigt heute 25.000 Menschen in Forschung und Entwicklung, BOSCH, die einstige »Werkstätte für Feinmechanik und Elektrotechnik« gibt mehr als drei Milliarden Euro pro Jahr für Forschung und Entwicklung aus und meldete für 2007 über 3.000 Patente weltweit an.

Im Industrieclusterländle, das außer Pferdestärken auch ein breites Kreuz in Maschinenbau und Elektrotechnik zu bieten hat – sowie einen starken Auftritt in IT mit den höchsten Beschäftigtenraten europaweit – wird viel geforscht, und fast die Hälfte konzentriert sich in der Landeshauptstadt Stuttgart. Die Universität gibt sich praxisorientiert und anwendungsbezogen. Schwerpunkte der Forschung insgesamt sind Mobilität, Maschinenbau, Lasertechnologie, neue Werkstoffe, Umwelt- und Energietechnik, IT- und Kommunikationstechnologien und Softwareentwicklung – letztere auch eine Wirtschaftsbranche mit stetig wachsendem Arbeitsplatzpotenzial und mit neueren Gründungen, von denen zumindest eine auch schon wieder ein Weltkonzern ist. (siehe Seite 123)

Um Gründungen zu ermutigen, haben sich fast alle baden-württembergischen Hochschulen bei PUSH zusammengetan. Mit dabei sind außerdem die Wirtschaftsförderung Region Stuttgart GmbH, Technologie- und Gründerzentren, Banken, Sparkassen und Beteiligungsgesellschaften, Weiterbildungs- und Beratungseinrichtungen, Wirtschaftsförderer, Kammern und Verbände sowie Unternehmen.

»Die Prozesse in den Universitäten laufen sehr langsam«

»PUSH *ist ein Dach, eine Art Relais*«, sagt Oliver Reichert von der Wirtschaftsförderung Stuttgart, wo PUSH angesiedelt ist. Während die einzelnen Hochschulen die eigentliche Gründungsberatung machen, will man bei PUSH die Dinge strategisch weiterbringen, vermitteln zwischen Hochschulen, Gründern und Banken. Aber das Gründen ist im Ländle gar nicht so einfach.
»Die Prozesse in den Universitäten laufen sehr langsam«, weiß man bei der Wirtschaftsförderung. Die jahrelangen Appelle, den Studierenden wenigstens etwas Realität mit ins Leben zu geben, zeitigen erst ganz langsam Reaktionen. Beauftragte für Gründungs- und Transferangelegenheiten werden ernannt und sind *»politisch gewollt«*, erklärt Reichert. *»Aber es reicht nicht, eine Struktur aufzusetzen und zu denken, man hätte etwas getan.«*

»Es reicht nicht, eine Struktur aufzusetzen und zu denken, man hätte etwas getan«

Ein anderes Problem ist aber viel gravierender … das Ländle ist zu reich zum Gründen …
Arbeitslosigkeit ist im Tüftlercluster nicht das Problem, vorausgesetzt, man hat die richtige Ausbildung. *»Techniker und Ingenieure aller Art werden den Hochschulen aus der Hand gerissen«*, sagt Oliver Reichert. Das klingt zunächst wie die Erfüllung eines Traumes. Aber es ist auch ein Problem. Gut ausgebildete Ingenieure haben exzellente Möglichkeiten in der Industrie. Nicht nur bei den Großen wie Daimler mit 70.000 Beschäftigten in der Region oder Bosch mit 20.000. Der schwäbische Mittelstand – häufig alteingesessene Familienunternehmen – ist kerngesund.

»*Warum also gründen?*« bringt es Reichert auf den Punkt. Man braucht schon sehr viel Leidenschaft, um sich zu verschulden, sich durch überkomplizierte Anträge zu arbeiten, mit einerseits extrem konservativen Bankern und andererseits deren oft überforderten Sachbearbeitern in den Kreditabteilungen zu diskutieren. Wer kennt sich schon aus in den unendlichen Weiten der Biotechnologie?

Eine weiteres Folgeproblem der starken industriellen Begehrlichkeit nach Ingenieuren und Technikern entsteht den Hochschulen. Die ersten unter ihnen haben schon Schwierigkeiten, ihre Professuren zu besetzen.

Nun hat man bei PUSH eine ganz neue Strategie entwickelt, Gründungen zu befördern. Ein Business-Angel-Netzwerk soll's richten. Es könne nur von Vorteil sein, wenn außer den Hochschulen auch die Unternehmen bei der Gründung helfen. Die sollen aber nicht nur den Gründern helfen, sondern auch den Banken bei der Beurteilung von Ideen. Man kennt sich.
Denn dass trotz aller Innovationsfreude der großen und der kleinen Tüftler für den unternehmerischen Nachwuchs und für neue Ideen gesorgt werden muss, steht außer Frage.
In bester schwäbischer Manier hatte noch jemand eine Idee, wie man das befördern kann. Indem man nämlich eine Stufe weiter vorn ansetzt – bei den Studierenden, damit die »*gewitzter und belesener*« werden …

AICHTAL Von Stuttgart aus sind es nur etwa 20 Kilometer nach Aichtal, eine Hochburg Freier Wähler, die in Baden-Württemberg insgesamt sehr stark vertreten sind. Die Stadt hat rund 10.000 Einwohner. Mit über 1.100 Beschäftigten ist die PUTZMEISTER AG der größte Arbeitgeber.

Karl Schlecht, Gründer und bisheriger Eigentümer der PUTZMEISTER AG, eines weltweit erfolgreichen Maschinenbauunternehmens findet, dass der Staat in Sachen Bildung und Wissenschaft nicht alles allein kann. An der UNIVERSITÄT HOHENHEIM, die sich ganz explizit in den *»Dienst der Wirtschaft und der Gesellschaft«* stellt, stiftete er einen Lehrstuhl »Entrepreneurship« für die Vermittlung einer etwas anderen Art des Unternehmertums. Der Stiftungslehrstuhl ist in der wirtschaftswissenschaftlichen Fakultät der Universität verankert. Forschung und Lehre im Bereich Unternehmertum und Unternehmensgründung sind interdisziplinär ausgerichtet, und er steht Studierenden aller Fakultäten offen. Damit nicht alles graue Theorie bleibt, arbeitet man eng mit Unternehmen der Region zusammen, die – konservativ in der Grundstruktur – doch ihrerseits gern vom frischen Wind profitieren. Die Studierenden werden so von Beginn an in die richtigen Netzwerke eingefädelt. Ziel ist ein »Learning Network« für mittelständische Unternehmen einerseits und Studenten der UNIVERSITÄT HOHENHEIM andererseits.

Die Verbesserung der Rahmenbedingungen für Studierende ist auch das Ziel in einem anderen Beispiel schwäbischer Gewitztheit in Sachen Ausbildung.
»FESTO *steht auch für Innovation in der Qualifizierung*«, sagt Peter Speck, der bei der Firma für ein ganz besonderes Programm verantwortlich ist, das beim Initiativpreis Aus- und Weiterbildung 2008 einer der Preisträger war.
Die FESTO AG ist weltweit führend in der Automatisierungstechnik und Weltmarktführer in der technischen Aus- und Weiterbildung. Das Stammhaus in Esslingen der 1925 gegründeten Firma wurde inzwischen in ein »TechnologieCenter« verwandelt.
»*Festo startet ersten firmeneigenen Bildungsfonds für Deutschland – 5 Millionen Euro für Studenten – Pionierprojekt im Sinne einer ›Corporate Educational Responsibility‹*« meldete man im Sommer 2007 stolz. Der Bildungsfonds finanziert Lebenshaltungskosten und Studiengebühren von Studierenden und Doktoranden aus Ingenieurwissenschaften und Technik mit bis zu 40.000 Euro und unterstützt so zielgerichtetes Studium und kurze Studiendauer. Natürlich verspricht man sich bei FESTO auch einen erhöhten Durchsatz – Ingenieure sind schließlich rar.
Besonderer Wert wird dabei auf eine berufsorientierte Qualifikation der Studierenden und Doktoranden gelegt. Ebenso wie die Entrepreneurs in Hohenheim nutzt man die Netzwerke in der Region, aber auch bundesweit. Damit erhalten die Studierenden im direkten, persönlichen Kontakt mit Managern einen unverstellten Einblick in die Realitäten der Praxis.
Wenn sie dann in Lohn und Brot sind – was mehr als wahrscheinlich ist – werden ihre ans Einkommen gebundenen Rückzahlungen zur Finanzierung der nächsten Stipendien verwendet. »*Die ersten Erfahrungen machen uns sehr glücklich*«, freut sich Speck. Die Bewerberzahlen steigen stetig, 60 Verträge sind bereits geschlossen. Der FESTO Bildungsfonds kooperiert mit 24 Hochschulen und 15 Firmen, allerdings ganz bewusst nicht mit DAX-Unternehmen. »*Gefragt ist der innovative Mittelstand*«, erklärt Speck.
Über etwas, mit dem niemand gerechnet hatte, freut man sich in Esslingen besonders: »*Die berufsbegleitende Qualifizierung nimmt deutlich zu.*« *Peter Speck (Hrsg.), Employability-Herausforderungen für die strategische Personalentwicklung, Wiesbaden, [3]2008. Mit einem Vorwort von Arend Oetker*

Berufsakademie

Eine spezielle Art berufsbegleitender Qualifizierung gibt es in Baden-Württemberg seit Anfang der 70er-Jahre, als man im Ländle in Sachen Ausbildung schon einmal eine pfiffige Idee hatte. Der bildungspolitische Aufbruch der späten 60er- und frühen 70er-Jahre führte dazu, dass es immer weniger Lehrlinge gab, andererseits fuhren die Hochschulen Überlast, und die Universitäten, aber auch die neuen Fachhochschulen boten keine oder kaum berufsvorbereitende oder gar berufsqualifizierende Ausbildungsgänge an.

Besonders die großen Unternehmen im schwäbischen Tüftlercluster befürchteten das Entstehen einer Qualifikationslücke. 1971 machten die Daimler-Benz AG, die Robert Bosch GmbH und die Standard Elektrik Lorenz AG einen Vorschlag. Ausbildung in der Industrie sollte auch für Abiturienten attraktiv werden. Die Berufsakademie Baden-Württemberg entstand und wurde Vorbild für viele Initiativen ähnlicher Art. Die neuen Ausbildungsangebote mussten gegenüber einem Hochschulabschluss vergleichbare Chancen eröffnen – das »Stuttgarter Modell« war die Übertragung des Dualen Systems in den Tertiären Bereich. So konnte sichergestellt werden, dass ausreichend und lebensnah Qualifizierte zur Verfügung standen.

Berufsbegleitende Qualifizierung ist auch heute noch für die Mitinitiatoren der Berufsakademien einer der Königswege zu gut ausgebildeten Mitarbeitern. 2008 wirbt die Daimler AG für eine duale Ausbildung via Berufsakademie: *»Nach dem Abi durchstarten: Die Berufsakademie – Ihr Einstieg in den Aufstieg«*. Und auch für Bosch hat sich das Programm bewährt. Mit dem »Kickstart für Abiturienten« sichert man sich von Anfang an Mitarbeiter, für welche die dringend benötigte Kombination aus Theorie und Praxis attraktiv ist. Auf diese Möglichkeiten will auch ein ganz junger Kollege Weltkonzern nicht verzichten und bietet Einsteigern die duale Ausbildung an, um seinerseits gut qualifizierte Mitarbeiter ans Unternehmen zu binden.

Abstecher

Der junge Kollege, 1976 gegründet, unterscheidet sich viel weniger von den Traditionshäusern, als man denken mag. Und er ist in vielem ziemlich schwäbisch. Dass Walldorf, der Sitz des Unternehmens, zu den reichsten Gemeinden Europas gehört, springt nicht gleich ins Auge. Die Gebäude des Unternehmens fallen nicht wirklich auf, sind schlicht und funktional. Europas größter Softwarekonzern macht kein Aufhebens. *»In Walldorf sucht man vergeblich nach Prunkbauten«*, sagt Claus Heinrich, Personalvorstand von SAP. Wohlstand wird auch hier nicht offen zur Schau getragen, sondern vielmehr sinnvoll investiert. Vor allem in kostenlose oder zumindest sehr kostengünstige Dienstleistungen der öffentlichen Hand. So kostet zum Beispiel ein Kindergartenplatz ganze 15 Euro pro Monat. Dass Lebensqualität Hochqualifizierte anzieht, ist schon kein Geheimrezept mehr.

Auch SAP ist als international aktives Unternehmen regional eingebunden; man schätzt die Vorzüge der »Wissensregion Rhein-Neckar«. Heinrichs Augenmerk gilt den Hochschulen – und was sie SAP möglicherweise bringen.

Einer der SAP-Gründer wurde einmal gefragt, was sie anders machen als damals im 19. Jahrhundert, als die dynamischen Spitzen der deutschen Wirtschaft an den Start gingen. – *»Eigentlich nichts«*, sagte er. *»Wissenschaft und Weltmarkt.«*

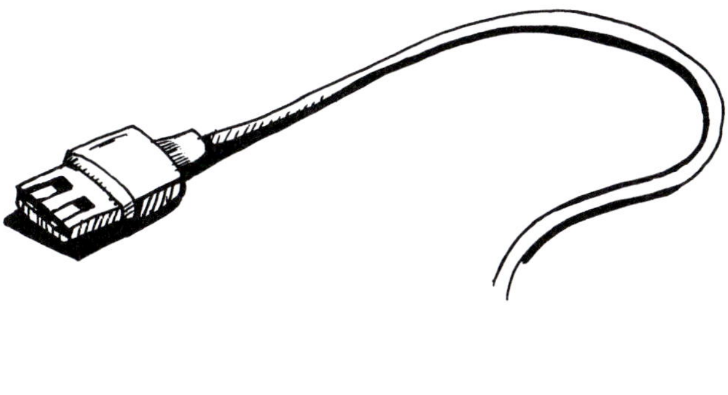

ROTTENBURG

Forschung und Ausbildung zu Bioenergie oder »Ressourcenmanagement Wasser« sind in heutiger Zeit äußerst weltmarktverdächtig. Wir finden sie in Rottenburg am Neckar. Die Römer- und Bischofsstadt liegt am Übergang des Neckar aus dem engen Tal des Oberen Gäus in ein weites Tal zwischen den Höhen des Schönbuchs im Norden und dem Rammert im Süden. Mit gut 40.000 Einwohnern ist sie die zweitgrößte Stadt im Landkreis Tübingen, hat aber ganz bestimmt die kleinste Hochschule. Kleine Hochschulen spielen aber bekanntermaßen häufig eine bedeutende Rolle in der Region – und eine immer größere auf dem Weltmarkt.

Bastian Kaiser, der Rektor der kleinen Hochschule, kämpft gegen einen Kitschroman. Der Förster an sich ist romantischen Reduktionen ausgesetzt. *»Ein schönes Bild zwar. Aber es ist nicht nützlich.«* Die Stadt am Neckar beherbergt die Hochschule für Forstwirtschaft Rottenburg, die unter anderen eine Kooperation mit der ungleich größeren Eberhard Karls Universität Tübingen geschlossen hat. So überzeugend übrigens, dass der Stifterverband für die Deutsche Wissenschaft sie – wie die Universität Oldenburg *(siehe »Nowetas«, Seite 51)* – als eine der Gewinnerinnen in einem Wettbewerb kürte: *»Profil und Kooperation – Exzellenzstrategien für kleine und mittlere Hochschulen«*. (s. u.)

»Man braucht Partner«, sagt Kaiser. Und wenn man die eigenen Stärken kennt, sind Bedenken gegenüber der Zusammenarbeit mit einem ungleich größeren Partner unnötig. Rottenburg gehört mit 500 Studenten und 18 Professoren zu den kleinsten Hochschulen des Landes. Den Bologna-Prozess hat die Hochschule genutzt, um unterschiedliche Studiengänge mit Partnerhochschulen aus dem In- und Ausland aufzulegen, in welche die Hochschule ihre Kernkompetenz im Bereich nachhaltiger Forstwirtschaft einbringt. Mit der Universität Tübingen beispielsweise betreibt man einen gemeinsamen Studiengang Geoökologie und einen Masterstudiengang für regenerative Energien gemeinsam mit den Hochschulen Ulm und Stuttgart.

Die Stärken von Rottenburg sind die sehr breit angelegte Ausbildung, die interdisziplinär, praxisnah sowie ungemein zukunftsträchtig und weltmarktverdächtig ist: »Bioenergie« ist ein neuer Studiengang, der ebenfalls in Kooperation durchgeführt wird, in

Hochschulregion Tübingen-Hohenheim

Eine weitere regionale Kooperation ist auch die »Hochschulregion Tübingen-Hohenheim«. Mit von der Partie sind auch vier Fachhochschulen, darunter Rottenburg. Zusammen zählt man 43.000 Studierende, man führt gemeinsame Projekte durch, verabredet gemeinsame Studiengänge – und man vermittelt Experten an die (vorwiegend) heimische Wirtschaft, die nicht unbedingt die Übersicht über die vielfältigen Angebote hat. Gerade ist man dabei, einen Hochschulmonitor zu produzieren – als Übersicht und als Expertendienst. Auch Abschlussarbeiten und Forschungsberichte werden darin aufgenommen.

»Lehraufträge sind sehr schlecht bezahlt, aber sie verschaffen denjenigen, die sich die Mühe machen, sehr viel Prestige«

diesem Falle mit der UNIVERSITÄT HOHENHEIM; das Angebot »Ressourcenmanagement Wasser« wird außerdem gerade entwickelt. Der Arbeitsmarkt ist gut für die Absolventen – in der Entwicklungszusammenarbeit oder in der Holzindustrie zum Beispiel – Forstwirtschaft ist eben mehr, als im grünen Rock durch den Wald zu streifen.

Weitere Stärken sind Schnelligkeit, Marktnähe und Flexibilität. *»So etwas erkennen die Partner«*, sagt Kaiser. Kooperationspartner aus der Wirtschaft kommen überwiegend aus der Region. Rottenburg ist ein Kompetenzzentrum für Holz und Bioenergie, die Hochschule ist in den entsprechenden IHK-Gremien präsent. *»Der Kontakt zur heimischen Wirtschaft ist lebhaft«*, berichtet Kaiser. So wird etwa ein Drittel der Lehre von Wirtschaftsvertretern angeboten.

»Es ist sehr schlecht bezahlt«, sagt der Rektor, *»aber es verschafft denen, die sich die Mühe machen, sehr viel Prestige.«*

Drittmittel für die Forschung kommen ebenfalls von Unternehmen, und die KMU haben keinerlei Kontaktscheu gegenüber der Hochschule. *»Die Struktur ist ähnlich«*, erklärt Kaiser. *»Die Größe stimmt, es gibt kein Verwaltungsdickicht oder unübersichtlich strukturierte Fachbereiche und Disziplinen.«* Und aufgrund der großen Praxisnähe in Rottenburg hat man auch die richtige Grundgeschwindigkeit für die Kooperationen mit der Wirtschaft.

Eine wesentliche Keimzelle für diese Zusammenarbeit sind übrigens sehr häufig Diplom- oder andere Abschlussarbeiten von Studierenden, die während eines Praktikums in »ihrem« Betrieb zu »ihrem« Professor gehen: *»Mein Chef hätte da eine Frage …«*

ALLES AUSSER HOCHDEUTSCH ...

lernen wir im baden-württembergischen Tüftlercluster, wo man immer schon die Erkenntnis besaß, dass der Mensch nicht vom Brot allein lebt – er muss auch etwas lernen. Schon immer war man im Ländle darauf bedacht, dass die Landeskinder gut ausgebildet sind und sicher in Lohn und Brot kommen. Und das nicht nur hoch gelehrt, sondern auch ebenso akademisch wie praktisch.

HIGHTECH

Auto und Zündkerze, Kommunikationstechnologie und Softwareentwicklung, Maschinenbau und Elektrotechnik, Brettelsbohrer, neue Werkstoffe.

HEIMATKUNDE

Auto und Zündkerze.
Fleiß, Frömmigkeit, Erfindungsreichtum und solides Wirtschaften.
Brettelsbohrer.
Bildungswille und bürgerschaftliches Engagement.

PUSH
www.push-stuttgart.de/
Robert Bosch GmbH
www.bosch.de
Daimler AG
www.daimler.com
Universität Stuttgart
www.uni-stuttgart.de
Berufsakademie Baden-Württemberg
www.ba-bw.de/babw/
Putzmeister
www.putzmeister.de
Festo Deutschland
www.festo.com
SAP Deutschland
www.sap.com
Universität Hohenheim
www.uni-hohenheim.de/
Hochschule für Forstwirtschaft Rottenburg
www.hs-rottenburg.net

EIN PROGRAMM FÜR KLEIN UND GROSS – PROFIL UND KOOPERATION

Nichts ist, wie es früher einmal war. Und wo in den Umbruchzeiten bei so Manchen der Wettbewerb schmerzhaft wird, nutzen andere klug auch den Windschatten der »Exzellenzinitiative«, um ihr Profil zu schärfen und um einträgliche Kooperationsstrategien zu praktizieren. Gut schneidet ab, wer sich regional positioniert. Ein Programm von STIFTERVERBAND und HEINZ NIXDORF STIFTUNG unterstützt die kleineren unter den Hochschulen. »Profil und Kooperation – Exzellenzstrategien für kleine und mittlere Hochschulen« heißt die Initiative.

Fachhochschulen und kleinere Universitäten spielen häufig in ihrer Region eine bedeutende Rolle, sind eingefädelt in die entsprechenden Netzwerke und schöpfen Vorteile aus der Gegenseitigkeit. Weil man aber als kleine Hochschule nicht alles machen kann, tut man gut daran, sich für ein bestimmtes Gesicht zu entscheiden. So entstanden vielerorts profilierte Lehr- und Forschungsbereiche, die gezielt die Stärken der Region nutzen und sich damit international sehen lassen können.

»Die im Programm ausgewählten Hochschulen sollen mit dem Preisgeld ihre unverwechselbaren Profile in Forschung und Lehre ausbauen«, sagt Ann-Katrin Schröder, Programmverantwortliche und Organisatorin des Wettbewerbs. »Sie können dann wiederum anderen Fachhochschulen und Universitäten als Modell dienen.«

Im Dezember 2007 gab es die ersten fünf Gewinner: die HOCHSCHULE FÜR FORSTWIRTSCHAFT ROTTENBURG (s.o.), die CARL VON OSSIETZKY UNIVERSITÄT OLDENBURG *(siehe »Nowetas«, Seite 51)*, die FACHHOCHSCHULE KIEL, die FACHHOCHSCHULE NORDHAUSEN und die LEUPHANA UNIVERSITÄT LÜNEBURG. Sie erhalten über zwei Jahre lang je 200.000 Euro pro Jahr aus dem Förderprogramm.

KIEL Die FACHHOCHSCHULE KIEL entwickelte ein Modell, das Studierende motiviert, nach dem Bachelor-Studiengang zunächst Erfahrungen in der Praxis zu sammeln – bevor sie sich für einen Masterstudiengang entscheiden. Viele gute Bachelor-Absolventen brauchen den Master für einen erfolgreichen Berufseinstieg gar nicht, weiß man an der Förde. Das Ganze dient eindeutig dem Bologna-Ziel »kürzere Studienzeit« und ist ein perfekter Schutz vor sinnlosem Studieren ... der »Kieler Weg«.

Der Kieler Weg hilft Studierenden auch finanziell: Falls sie sich nach der Berufspraxis doch für ein Masterstudium entscheiden, wird dies häufig vom bisherigen Arbeitgeber bezahlt, denn der will seine guten Leute behalten. Als wirtschaftsnah sieht man sich in Kiel durchaus, was aber der Unabhängigkeit keinen Abbruch tut. Das Überangebot an Drittmitteln ist dafür die beste Garantie.

NORDHAUSEN Die FACHHOCHSCHULE NORDHAUSEN in Thüringen hat gleich die ganze Bergbau-Region Harz im Blick. Man weiß, was die ansässigen Firmen brauchen, weil man eng miteinander vernetzt ist. Lehr- und Forschungspläne werden auf die reale Arbeitswelt abgestimmt – sehr erfolgreich, wie ein Blick auf die Drittmittel zeigt. Was die Fachhochschule in der strukturschwachen Region an Geld aus der Wirtschaft einfährt, zählt doppelt so hoch wie der Durchschnitt.

Auch die nahe gelegene TECHNISCHE UNIVERSITÄT CLAUSTHAL-ZELLERFELD profitiert von den Nordhäuser Kontakten zum lokalen Mittelstand und konzentriert sich nicht mehr nur auf Großunternehmen. Die beiden Hochschulen schlossen sich zur »Hochschulregion Harz« zusammen. Dabei treten Universität und Fachhochschule als gleichberechtigte Partner auf. Ziemlich innovativ.

LÜNEBURG Die LEUPHANA UNIVERSITÄT LÜNEBURG war mit ihrer Fusion von Universität und Fachhochschule schon zuvor einen Schritt weitergegangen und hat nach schwierigen Startbedingungen mit ihrem Studienmodell ein Alleinstellungsmerkmal in der deutschen Hochschullandschaft geschaffen. Mit dem Konzept eines Universitäts- und Studienmodells, das sich mit College, Graduate School und Professional School sowie unterschiedlichen Forschungszentren an den akademischen Zielgruppen und nicht nur an Fachkulturen orientiert, positioniert sich die LEUPHANA als »Hochschule neuen Typs«.

MIT DEM LAPTOP AUF DER WIESN

BAYERNS WEG VOM AGRAR- ZUM HIGHTECHLAND

Die schaffen's nie, dachte man vor einem guten halben Jahrhundert. Zu viele Bauern, zu wenige Arbeiter, zu wenige »Studierte«. Doch dann kam alles anders in Bayern, wo die Hightech auch heute noch in der Lederhose daherkommen und der studierte Kopf einen Gamsbart tragen darf.

Von Stuttgart kann man alle Stunde, mit dem ICE bequem nach München fahren – in den nächsten Hightech-Cluster der Republik. Die Geislinger Steige hinab, durch Ulm und Augsburg, ist man in knapp zweieinhalb Stunden in der bayerischen Hauptstadt.

MÜNCHEN

Im Jahre 1175 wurde München der Stadtstatus gewährt und die erste Befestigungsanlage errichtet. München war Zentrum des Herzogtums, dann des Königreichs Baiern, im 16. und 17. Jahrhundert Zentrum der Gegenreformation, wurde nach dem Krieg weitgehend am historischen Stadtbild orientiert wiederaufgebaut und entwickelte sich zum Hightechstandort.

Bereits im Ruhrgebiet begegneten uns zwei Kühe auf der sattgrünen Wiese. Sie sollten für die Region werben und hatten Erfolg mit dem Kontrast. Legte man in Bayern zwei Kühe auf die Wiese, womöglich in einer sanft hügeligen Landschaft, in mittlerer Ferne ein kleiner Kirchturm, in der Nähe ein Wirtshaus mit Maßkrügen auf dem Tisch, an dem Menschen in Trachten sitzen und Schweinsbraten essen, würde niemand darüber stolpern. Über Manifestationen von Hightech und große Industrieansiedlungen schon eher.

Zwar ist der Laptop im Biergarten längst Alltag in Bayern, das einstige Agrarland ist zum Industriecluster geworden. Und nur etwas simple Vorstellungen über Moderne stoßen sich an der Kombination altbayerischer Klischees mit einigen der mitunter wie Sciencefiction anmutenden Szenerien.

Tatsächlich hatte noch vor nicht allzu langer Zeit niemand damit gerechnet, dass das Agrarland Bayern zum allseits bewunderten Hightech-Spitzencluster würde. Vor allem Südbayern galt schon im Königreich Baiern als rückständig – im Unterschied zu Schwaben und Franken. Nach 1945 dachte man, der Modernisierungsrückstand gegenüber anderen deutschen Regionen, besonders gegenüber dem Ruhrgebiet, sei nicht mehr korrigierbar.

Die im Unterschied zu anderen Regionen mäßige und nachholende Modernisierung des Agrarlandes hatte in der Zwischenkriegszeit begonnen, konzentrierte sich dann aber auf moderne Branchen wie Elektro, Fahrzeug oder Chemie, die bald mehr Beschäftigte zählten als die traditionelle Textilindustrie.

Nach dem Krieg kamen zwei Millionen Flüchtlinge aus dem Osten, die im Vergleich zur ländlichen Bevölkerung Bayerns überdurchschnittlich gut ausgebildet waren. Anfangs widerwillig geduldet, wurden sie auf Anregung und mit Hilfe der US-Amerikaner in der Nähe von Munitionsfabriken und militärischen Anlagen angesiedelt und schließlich als »vierter bayerischer Stamm« unter weißblaue Fittiche genommen. Ganz neue Städte entstanden. *»Ohne diese Flüchtlinge ist das bayerische Aufholen nicht zu verstehen«*, erklärt der Wirtschaftshistoriker Dietmar Petzina. *Zur Entwicklung Bayerns: Dietmar Petzina, Laptop oder Lederhose? Soziokultureller und technologischer Wandel in der Region München/Oberbayern. Vortrag im Rahmen der Ringvorlesung »Stadt – Land – Fluss« des Instituts für Deutschlandforschung der RUB; Sommersemester 2008*

»Die Neuindustrialisierung war kein struktureller Selbstläufer, sondern in hohem Maße das Ergebnis gestaltender Politik«

Und auch andere Faktoren waren der Entwicklung, mit der niemand gerechnet hatte, zuträglich. Zu den schon vorhandenen Industriekernen, vor allem die im Krieg stark gewordene Rüstungsindustrie, kamen nach dem Mauerbau 1961 die Unternehmensverlagerungen vor allem aus Berlin, das im Zuge der politischen Ereignisse fast seine gesamte industrielle Struktur verlor.

Das Einkommensniveau war niedrig in Bayern, im Agrarsektor wurde im Zuge der gewaltigen Umstrukturierungen ein Arbeiterheer »freigesetzt«. Auch das hatte Sogwirkung für die industrielle Ansiedlung in den 60- und 70er-Jahren. Es gab kein industrielles Erbe wie im Ruhrgebiet, keine Verflechtungen, man konnte einfach ganz von vorn anfangen – getragen indessen von einem starken politischen Willen.

»Die Neuindustrialisierung war kein struktureller Selbstläufer, sondern in hohem Maße das Ergebnis gestaltender Politik«, erklärt Petzina. *»Vor allem die technokratische Modernisierungsstrategie der bayerischen Staatsregierungen, seit mehr als 50 Jahren von der CSU geprägt, hat erfolgreich den Spagat zwischen ländlichem Beharrungsvermögen einerseits und Hochtechnologieförderung andererseits geschafft und damit bewiesen, dass Politik eine gestaltende Rolle spielen kann.«*

Modernisierung in Bayern war Chefsache, Verkehrsinfrastruktur- und Energiepolitik waren Treibriemen in diesem Prozess. Rhein-Main-Donau-Kanal, Flughafen München, ein Raffineriekomplex bei Ingolstadt, der aus zwei transalpinen Pipelines gespeist wurde, sind einige der Wegmarken. Dann kam die Atomkraft – damals über alle Partei- und Lagergrenzen hinweg der Inbegriff für Moderne – seit den 50er-Jahren von bayerischen Ministern in Bonn vorbereitet. Atomkraft war ein forschungspolitisches Muss, wenn man ganz vorn mitspielen wollte. 1958 ging der erste deutsche Forschungreaktor, das legendäre Atomei, in Garching bei München in Betrieb. Ein »*technologisch begründetes Hochgefühl*« entstand, die Hochtechnologie hatte Sogwirkung auf die Wissenschaft ähnlich wie unter anderem die niedrigen Löhne auf die Wirtschaft. Man konzentrierte naturwissenschaftliche Forschung, praxisorientiert und industrienah um München herum.

Modernisierung im klassischen Sinne blieb in Bayern Chefsache

Die Ansiedlung der Hauptsitze von MAX-PLANCK-GESELLSCHAFT und FRAUNHOFER-GESELLSCHAFT war ebenfalls jeweils Chefsache, und Modernisierung im klassischen Sinne blieb in Bayern auch Chefsache. Seit 2000 steht auf der weiß-blauen Fahne die »Hightech-Initiative«, für die milliardenschwere Privatisierungserlöse in Bildung und Forschung investiert wurden.

So konzentriert sich die einschlägige Forschung in und um München. Physik, Mikroelektronik, Medizintechnik und Biotechnologie sind die Schwerpunkte. 11 Universitäten, 17 Fachhochschulen, 3 Großforschungseinrichtungen, 11 Max-Planck-Institute und 7 Einrichtungen der Fraunhofer-Gesellschaft hat Bayern insgesamt; die Wirtschaftsbranchen sind Automobilbau, Rüstung und Luftfahrt. Neben Konzernen wie SIEMENS, BMW, AUDI, EADS, ADIDAS oder MAN gibt es ein Netz kleiner und mittlerer Industrie-, Handwerks-, und Dienstleistungsunternehmen. Unter den Banken und vor allem Versicherungen sind auch wieder einige »Große«.

Rund drei Prozent des Bruttoinlandsprodukts werden in Bayern in Forschung und Technologie investiert. Damit liegt das Land gut über dem Bundesdurchschnitt. Und so avancierte die Münchener Region in den Augen eines bekannten Hightech-Gurus zum »*europäischen Hightech-Mekka*«.

Damit das so bleibt, hat man sich unter anderem ein Public-Private-Partnership zwischen Politik, Wissenschaft und Wirtschaft ausgedacht, das vor allem den wissenschaftlichen Nachwuchs fördern soll: das ELITENETZWERK BAYERN. Doktorandenkollegs, Stipendienprogramme und so genannte Elitestudiengänge sind die Formate, in denen sich die besonders vielversprechenden jungen Leute auf ihre späteren Aufgaben vorbereiten können. Das Engagement der Unternehmen ermuntert man mit der Aussicht auf hervorragend ausgebildete Fachkräfte – Stipendien werden gern gesehen und auch gegeben.

Man hat verstanden, dass Forschungs- und Bildungspolitik auch Wirtschaftspolitik ist

Ein ganz neues Instrument staatlicher Zuwendung für die Wissenschaft ist die »Cluster-Offensive« der Staatsregierung. Man will den Ausbau des Wirtschafts- und Wissenschaftsstandortes Bayern weiter vorantreiben, lässt es nicht auf sich beruhen, weil man denkt, es sei ja viel erreicht. In Bayern hat man längst verstanden, dass Forschungs- und Bildungspolitik auch Wirtschaftspolitik ist.
19 definierte Branchen- und Kompetenzcluster sollen unter anderem Effizienz und Anwendungsorientierung in der Forschung befördern und vor allem – wie im ELITENETZWERK – für den entscheidenden Rohstoff in Zeiten der »nachindustriellen Maßschneiderei« sorgen: für hochqualifizierte Mitarbeiter. Noch enger sollen daher die Netzwerke zwischen Wirtschaft und Wissenschaft geknüpft werden, und auch hier gilt einer bestimmten Unternehmensgruppe besondere Aufmerksamkeit. Vor allem die KMU sollen von diesen Anstrengungen profitieren, denn man weiß, dass vor allem sie es sind, die Zugang zu wissenschaftlichem Input brauchen.

Der Präsident der TECHNISCHEN UNIVERSITÄT MÜNCHEN, Wolfgang Herrmann, bezeichnete die Cluster-Strategie denn auch als »*Aufbruchsignal zum Abbau der Kontaktbarrieren*« zwischen kleineren Unternehmen und den Hochschulen.

Über Kontaktbarrieren zwischen Groß und Groß muss man sich in München keine Gedanken mehr machen. »*Wir wollen auch etwas weg von der Detailkooperation*«, sagt Markus Zanner, an der TU zuständig für die Umsetzung der Exzellenzinitiative. Denn die Detailkooperationen der Hochschule mit der Wirtschaft sind unzählbar geworden, inzwischen geht man auch andere Wege.

»*Zuhause in Bayern, erfolgreich in der Welt*«, hat man sich an der TU als Motto gegeben. »*Es verbindet Herkunft mit Zukunft*«. Auch die weltläufige Hightechschmiede, die 1868 als »Polytechnische Schule« begann, gibt sich traditionsbewusst und spannt einen weiten, typisch bayerischen Bogen in ihrem Angebot: »*Geniales und Normales, Elfenbeinturm und Werkbank, Wissenschaft und Handwerk, Hörsaal und Laboratorium, Brautechnologie und ›virtual reality‹*« – kurz: Laptop und Lederhose – und das »unternehmerisch«.

Mit dem Konzept »Entrepreneurial University« war man in der dritten Förderlinie der Exzellenzinitiative erfolgeich, und nicht nur die Wissenschaft kooperiert mit der Wirtschaft, auch die Verwaltung wird in die Industrie geschickt, um Erfahrungen in unternehmerisch orientierten Verwaltungsprozessen zu sammeln. »*In der Industrie sind die Abläufe schon anders organisiert*«, schwärmt Zanner. »*Man ist schnell und verbindlich, es wird durchgezogen.*« Das Zeitmanagement sei klar und der Verschwendung abhold.

Bei der neuesten Kooperation geht es nicht unbedingt um Schnelligkeit, jedenfalls nicht um die schnelle Anwendung. Das INSTITUTE FOR ADVANCED STUDY soll eine Kombination von Forschungs- und

»Es ist wichtig, dass man sich auf den Gängen trifft«

Unternehmensstrategie sein. Interdisziplinär und frei will man auch an Grundlagen forschen. Das Gebäude wird in Garching stehen, sozusagen im Auge des Clusters, wo es 1958 mit dem Atomei anfing. Partner sind die TECHNISCHE UNIVERSITÄT MÜNCHEN und die BAYERISCHEN MOTORENWERKE AG.

Ein gemeinsames Gebäude soll das Denken beflügeln. »*Es ist wichtig, dass man sich auf den Gängen trifft*«, sagt Markus Zanner.

So wie die TU Erfahrung mit Industriekooperationen hat, sind für BMW Hochschulkooperationen seit Jahrzehnten gängige Praxis. Jeder Weltkonzern braucht hochqualifizierten Nachwuchs für eine gesicherte Zukunft. Und auch bei BMW weiß man, dass ein gutes Image zudem immer eine gute Investition ist.

»*Wir fördern im Rahmen gemeinsamer Projekte*«, sagt Christoph Anz, bei BMW verantwortlich für die Bildungspolitik. »*Es gibt aber auch langfristige Unterstützung von Lehrstühlen, Fachbereichen und ganzen Hochschulen.*«

Man kennt einander seit vielen Jahren und weiß, woran man ist. Und das ist die Voraussetzung für die andere Art der Zusammenarbeit, die man jetzt im INSTITUTE FOR ADVANCED STUDY angeht. »*Hier können wir die für Innovationen erforderlichen Rahmenbedingungen so gestalten, dass auch Freiräume für unorthodoxe Ideen und Forschungsvorhaben genutzt werden*«, sagt Anz. Es muss dabei nicht unmittelbar ein neues Auto herauskommen.

Mit der TU München hat man so etwas wie einen Traumpartner gefunden: »*Die Hochschule handelt selbst innovativ und entwickelt sich kontinuierlich weiter*«, erklärt Anz. Man erkennt Ähnlichkeiten in der Grundhaltung, und deshalb kann man auch trotz manchmal unterschiedlicher Zielsetzungen in Wissenschaft und Wirtschaft gut zusammenarbeiten.

»*Unsere eigenen Entwicklungsingenieure, unsere eigenen Forscher und Tüftler brauchen den dauerhaften Kontakt zu den Hochschulen*«, sagt Anz. Trotz großer eigener Konzernforschung will man den Kontakt zu den Hochschultüftlern nicht missen. »*Andernfalls besteht die Gefahr, dass man die neuesten Entwicklungen verpasst.*«

So gehört es auch zur Kooperation, jungen klugen Köpfen Einblick ins Unternehmen zu geben – mit möglicherweise attraktiven Einstiegschancen. Studierende und Doktoranden haben bei BMW die

Es muss nicht sofort ein neues Auto entstehen

Möglichkeit, Theorie in Praxis umzusetzen, das Unternehmen bekommt so passgenaue Mitarbeiter, die Universität attraktive Drittmittel – am Ende haben alle etwas davon. »*In dieser Situation beiderseitiger Vorteile ist im Laufe der Jahre ein tiefes Vertrauen entstanden*«, sagt Anz.

Vertrauen gehört bekanntermaßen zu den Softskills, die – abgesehen von aller fachlichen Exzellenz – mehr und mehr als notwendige Komponente jeder Art von Zusammenarbeit unverzichtbar sind. »*Ja*«, sagt Markus Zanner, »*man braucht auch eine Menge Softskills, wenn man mit der Industrie kooperiert, vor allem Softskills …*«

Und irgendwann wird dabei sicher auch ein neues Auto herauskommen.

ROSENHEIM

Mit dem fahren wir dann eine knappe Stunde in südöstlicher Richtung und erreichen Rosenheim, schön gelegen in der Nähe von Chiem- und Simssee. Wendelstein und Hochries sind nicht weit. Um das Jahr 1234 entstand Rosenheim am westlichen Ufer des Inn als Ansiedlung von Schiffsleuten; der Name geht womöglich auf das Rosenwappen der Wasserburger Hallgrafen, Erbauer der Burg, zurück. Ganz gesichert ist das nicht. Bis etwa 1600 hatte sich die Siedlung zu einem der größten und bedeutendsten Märkte Bayerns entwickelt, das Stadtrecht erhielt Rosenheim aber erst 1864 durch König Ludwig II.

»Entrepreneurial« ist man auch hier am Inn. »*Wir orientieren uns an den Anforderungen des Marktes*«, sagt der Präsident der HOCHSCHULE ROSENHEIM, Alfred Leidig. Technik, Wirtschaft und Gestaltung sind in praxisorientierter Forschung und Lehre die Schwerpunkte des Hauses. Kooperationspartner sind eher kleinere und mittlere Unternehmen, passend zur Hochschule selbst. Um die Zusammenarbeit auf eine breite Basis zu stellen, hat die Fachhochschule 2007 eine Kooperationsvereinbarung mit Wirtschaftsverbänden und vier Landkreisen der Region geschlossen.

Innovation sieht man in der früheren Ingenieurschule als eine kontinuierliche Aufgabe an, sowohl bei Bildungsangeboten wie auch »*als Impulsgeber für Industrie und Wirtschaft*«, wie der Präsident betont. Die Studienprogramme sind praxisorientiert, die gut ausgebildeten Experten sind nicht nur auf dem heimischen, sondern auch im internationalen Arbeitsmarkt hoch nachgefragt. Die »Rosenheimer« haben eine starke Bindung an ihre Hochschule und sind hervorragende Schnittstellen zwischen ihren Firmen und ihren früheren Lehrern.

Nun hat man sich in Rosenheim etwas Neues ausgedacht. Zur noch besseren Verzahnung von Theorie und Praxis führt die HOCHSCHULE ROSENHEIM in einem dualen Studiengang »Mechatronik« ein neues Modell ein: Statt des herkömmlichen Semesterbetriebs mit einem Praxissemester wechseln sich je ein Vierteljahr Studium und Arbeit im Betrieb ab. Statt Semesterferien haben die Studierenden sechs Wochen Urlaub im Jahr. Dabei ist die Ausbildung an die Bedürfnisse der heimischen Wirtschaft angepasst. *»Das Modell geht auf eine Anregung der Industrie zurück«*, erklärt Präsident Leidig.
Um den Kontakt weiter zu verstetigen, sitzen Firmenvertreter auch in den Fakultätsbeiräten der Hochschule – branchenspezifisch. Ein solches Konzept funktioniert nur mit einer Verwurzelung in der Region, die zudem dazu führt, dass die einschlägige Kompetenz gebündelt werden kann. Das wiederum macht stark für den Weltmarkt: die Wirtschaft, die Hochschule und auch ihre Absolventen.

TRAUNREUT

Von Rosenheim nach Traunreut sind es, wenn man die Autobahn nimmt, etwa 50 Minuten Fahrt in nordöstlicher Richtung. Über Land braucht man natürlich länger, aber auf diese Weise kommt man dem Chiemsee etwas näher. Und das sollte man sich nicht entgehen lassen.

Die Firma HEIDENHAIN in Traunreut ist in 49 Ländern der Erde aktiv. Das mittelständische Unternehmen entwickelt und produziert Längen- und Winkelmessgeräte, Drehgeber, Positionsanzeigen und Numerische Steuerungen für Werkzeugmaschinen, automatisierte Anlagen und Maschinen. Mit der FH ROSENHEIM kooperiert es unter anderem im neuen dualen Studiengang Mechatronik, in dem Mechanik, Elektronik und Informatik miteinander verschmolzen werden, sorgt aber auch durch eigene Förderprogramme für den hochqualifizierten Firmennachwuchs.
»Der wichtigste Ansatz bei allen unseren Bemühungen dieser Art ist die Nachwuchsförderung«, sagt Konrad Sterflinger, bei HEIDENHAIN verantwortlich für das Personal. *»Wir brauchen Ingenieure und Physiker, und im Studiengang Mechatronik bekommen sie eine breite akademische Basisausbildung und gleichzeitig die nötige Praxisorientierung.«*
Die nun vereinbarte Art des dualen Studiengangs, das »Rosenheim-Modell«, (s. o.) hat man schon früher in ähnlicher Form mit einer

Kleine Formate und persönliche Formen führen schneller zu den gewünschten Ergebnissen

Berufsakademie durchgeführt. *»Aber wir kooperieren lieber mit der Fachhochschule«*, sagt Sterflinger. *»Die liegt nicht nur geografisch näher, sondern ermöglicht mit dem neuen Modell in besonderer Weise den betrieblichen Bezug.«* Eine Stiftungsprofessur im Rahmen des Studiengangs rundet das Engagement des Unternehmens ab, andere Firmen finanzieren gemeinsam eine weitere Professur im Studiengang.

In der Zusammenarbeit von Wirtschaft und Wissenschaft schätzt Sterflinger das klare Wort. *»Andernfalls bringt man die beabsichtigten Kooperationen nie auf den Weg.«* – Und die Beharrungskräfte, die lieber alles beim Alten lassen wollen, nicht in Schwung.

Bei HEIDENHAIN schätzt man auch Mitarbeiter aus der Region. Die wiederum schätzen die konsequente inhaltliche und materielle Unterstützung des Unternehmens bei ihrer Ausbildung zu hochqualifizierten Fachkräften. Sterflinger: *»Die bleiben dann auch gerne im Betrieb.«*

Zurück nach Rosenheim.

Auch an der HOCHSCHULE ROSENHEIM schätzt man das gesprochene Wort. *»Ein bis zwei Mal im Jahr treffen wir uns mit Firmenvertretern, um zu fragen, ob unsere Ausbildung für deren Bedürfnisse noch adäquat ist«*, erzählt FH-Präsident Leidig. Auch mit den Kommunen der Region Südost-Oberbayern kooperiert man auf das Beste, indem man ihnen etwa Seminare zum Beispiel in Führungskompetenz anbietet. Die Kommunen wiederum helfen der Hochschule bei der Akquisition in den Gymnasien. Regelmäßige Unternehmertreffen bieten hervorragende Gelegenheiten, sich in angenehmer Runde kennenzulernen. Anschließend lädt der Präsident in die Hochschule ein.

»Man muss schon miteinander reden«

Alfred Leidig hat viele Jahre Erfahrung im Technologietransfer. Die Anonymität großer Hochschulen sei dem Austausch nicht unbedingt förderlich, weiß er. Kleine Formate und persönliche Formen führten dagegen viel schneller zu den gewünschten Ergebnissen.

Leidig: *»Es geht auch nicht mit E-Mail und Flyern. Man muss schon miteinander reden.«*

MIT DEM LAPTOP AUF DER WIESN

Die schaffen's nie, dachte man vor einem guten halben Jahrhundert. Zu viele Bauern, zu wenige Arbeiter, zu wenige »Studierte«. Doch dann kam alles anders in Bayern, wo die Hightech auch heute noch in der Lederhose daherkommen und der studierte Kopf einen Gamsbart tragen darf. Ein starker politischer Wille hat die Entwicklung vorangetrieben.

HIGHTECH

Das Atomei, Physik, Mikroelektronik, Medizintechnik und Biotechnologie, »Hightech-Initiative« und »Cluster-Offensive«, Automobil, Rüstung und Luftfahrt, Mechatronik, Laptop.

HEIMATKUNDE

Cluster-Offensiven kommen im Trachtenanzug daher und staatliches Tafelsilber geht in die Forschung.
Heimatverbundenheit und die Wiesn. Mir san mir.
Lederhose.

Technische Universität München
www.arch.tu-muenchen.de/
BMW AG
www.bmw.de
Elitenetzwerk Bayern
www.elitenetzwerk.bayern.de/

Hochschule Rosenheim
www.fh-rosenheim.de/
Heidenhain
www.heidenhain.de/

IN DIE FERNE SCHWEIFEN

REISE IN DIE GRÖSSTE DEUTSCHE INDUSTRIESTADT

Seit über 100 Jahren hat sich im Südosten Brasiliens durchaus im Sinne regionaler Verbundwirtschaft ein Cluster ganz besonderer Art entwickelt, hoch innovativ und in hochproduktivem Einvernehmen mit seinem ebenso innovativen wie leichtfertig unterschätzten Gastland – die größte deutsche Industriestadt:

Bem-vindo em São Paulo.

MANUEL DE NÓBREGA UND JOSÉ DE ANCHIETA, Patres der Gesellschaft Jesu, suchten einen geeigneten Ort, um ihr ambitioniertes Missionswerk nicht nur mit heiligen Worten in die Tat umzusetzen. Einen Ort, von dem aus man ins Innere dieses unermesslich großen Landes vordringen konnte, unbeobachtet von Kurie und Regierung, die den Jesuiten, die stets einen Hang zur Dissidenz und zum Handeln auf eigene Rechnung hatten, Misstrauen entgegenbrachten. Nóbregas Wahl fällt auf Piratininga. Es ist nichts weiter als eine Wegkreuzung im Land, durch eine Bergkette gegen Piratenangriffe geschützt und doch nahe am Meer. Dort errichtet er 1554 seine Mission, am Tag der Bekehrung des Paulus von Tarsus – São Paulo.

Gemäßigtes Klima und fruchtbare Böden hatten die Entscheidung begünstigt. Flussläufe konnten als Verkehrswege dienen. Ein Knotenpunkt der Missionsarbeit entsteht, von hier aus werden Indianer »bekehrt«, schließlich angesiedelt. Langsam wächst eine Stadt heran. Portugiesische Einwanderer ziehen im 16. und 17. Jahrhundert als Bandeirantes (»Bannerträger«) durch weite Gebiete in Zentralbrasilien. Sie rauben und sie fangen Indianer für die Versklavung auf den Zuckerrohrplantagen.

São Paulo wächst weiter und erhält 1711 das Stadtrecht. Der erste Reichtum kommt mit dem Kaffee, der seit Mitte des 19. Jahrhunderts in der Region angebaut wird und in einem regelrechten Boom reißenden Absatz in Europa findet. Seit 1867 führt die Eisenbahn über den Pass, der die natürliche Verbindung São Paulos mit dem Hafen Santos ist. Der brasilianische Kaiser Dom Pedro II. war ein Freund des technischen Fortschritts und unterstützte alles, was der Beschleunigung dieser Prozesse nützlich war, etwa den systematischen Ausbau des Eisenbahn- und Telegrafennetzes. Man suchte Neues. Und man brauchte Arbeitskräfte. Die erste Einwanderungswelle kam 1822 mit der Unabhängigkeit; immer noch mehr Arbeitskräfte wurden nach der Abschaffung der Sklaverei 1888 benötigt. Die Einwanderungspolitik verlief gezielt und führte viele Italiener,

Deutsche, Japaner und Libanesen in die Region São Paulo. Unter den Deutschen waren Baumeister und Ingenieure, die von der Provinzregierung gern unter Vertrag genommen wurden. Andere gründeten Unternehmen – Anknüpfungspunkte für diejenigen deutschen Firmen, die sich vor rund 100 Jahren aus ihren Stammlanden am Rhein oder in Berlin nach Brasilien aufmachten, genauer: nach São Paulo, um Niederlassungen zu eröffnen. Gelegentlich begann das eine oder andere Unternehmen mit einer Repräsentanz in Rio de Janeiro, das damals die Hauptstadt Brasiliens war. Das Zentrum der Aktivitäten war aber immer São Paulo, wo alles auf Industrialisierung stand. Der Kaffeereichtum hatte Mittel akkumuliert, die einen raschen Ausbau der industriellen Infrastruktur möglich machten. Die Bevölkerung wuchs dramatisch. 1917 gab es den ersten Streik von Industriearbeitern. Bis zum ersten Weltkrieg verlief die Entwicklung rasant, deutsche Unternehmen spielten dabei eine bedeutende Rolle. Für einige von ihnen blieb während des Krieges allerdings so manche Tür verschlossen.

»Um die Stadt Rio de Janeiro darzustellen, müsste man eigentlich ein Maler sein, um São Paulo zu schildern, ein Statistiker oder Nationalökonom. Man müsste Zahlen türmen und vergleichen, Tabellen nachzeichnen und versuchen, Wachstum in Worten sichtbar zu machen; denn nicht seine Vergangenheit und seine Gegenwart machen São Paulo so faszinierend, sondern sein gleichsam unter der Zeitlupe sichtbares Wachsen und Werden, sein Tempo der Verwandlung. São Paulo gibt kein Bild, weil es seinen Rahmen ständig erweitert, weil es zu unruhig ist in seiner rapiden Veränderung; man zeigte es am besten als Film und zwar als einen, der von Stunde zu Stunde rascher abrollt; keine Stadt Brasiliens und wenige der ganzen Erde lassen sich an Ungestüm der Entwicklung dieser ehrgeizigsten und dynamischsten Brasiliens vergleichen.« *Stefan Zweig, Brasilien. Ein Land der Zukunft, Insel, Frankfurt am Main, 1981*

Stefan Zweigs Beschreibung ist 70 Jahre alt und kulminiert in dem, was São Paulo heute ist: das wichtigste Wirtschafts-, Finanz- und Kulturzentrum sowie Verkehrsknotenpunkt des Landes mit Universitäten, Hochschulen, Theatern und Museen. São Paulo ist der größte industrielle Ballungsraum Lateinamerikas, ist Kern einer der größten Metropolregionen der Erde. Die Hälfte aller brasilianischen Exportgüter entstehen im Großraum São Paulo, 45 Prozent des BIP werden hier erwirtschaftet. Groß São Paulo hat mit 19,2 Millionen Menschen mehr Einwohner als ganz Nordrhein-Westfalen, Ausmaß und Zuschnitt der industriellen Struktur – Großkonzerne und Hightech – sind etwa mit Baden-Württemberg zu vergleichen. Superlative allenthalben. Wenn man São Paulo kennt, kommt einem New York dagegen winzig vor, sagen die Kenner.
Einer der Impulse für diese Entwicklung liegt ein halbes Jahrhundert zurück. In den 50er-Jahren trafen sich zwei Wirtschaftswunder – Beginn der zweiten großen Welle der Zuwanderung deutscher Unternehmen nach Brasilien, wieder vor allem nach São Paulo. Mit VW DO BRASIL und MERCEDES-BENZ (heute DAIMLER AG) begann die Entwicklung eines gigantischen Automobilclusters, Metall und Maschinenbau wurden weitere Schwergewichte deutscher Industrie, hinzu kamen Chemie und Pharmazie, Papiermaschinen, Energieerzeugung, Elektrotechnik, Transport und Logistik, Banken und Versicherungen …
Die Großen gingen vor, die Zulieferer folgten – man kauft am liebsten in der Nachbarschaft. In zunächst unbekannten Gewässern auf den sicheren Planken einer vertrauten Infrastruktur zu stehen, ist auch heute noch ein bewährtes Rezept – überall.

»Es ist ganz ähnlich verlaufen wie in Deutschland«, sagt Rolf-Dieter Acker, Lateinamerikachef des weltgrößten Chemiekonzerns, BASF, und Präsident der größten deutschen Außenhandelskammer weltweit – in der größten deutschen Industriestadt weltweit.

Die Unternehmen sind sehr erfolgreich und weitgehend profitabel. Dabei ist das Wirtschaften in dem riesigen Land nicht ganz so komfortabel wie in der heimischen Region, wo die gewohnten Verhältnisse ein eher undramatisches Austarieren erfordern.
»Während in Deutschland die ›Weisen‹ lange über 1,3 Prozent oder 1,5 Prozent Wachstum diskutieren, muss man in Brasilien mit Schwankungen von bis zu 10 Prozent um die jeweilige Prognose herum rechnen«, erklärt

Acker. Auch bewegliche Wechselkurse halten den ökonomischen Sportsgeist wohl trainiert. *»Wenn man aber einmal gelernt hat, sich darauf einzustellen, kann man ziemlich gut sein«*, weiß der Manager. Auch im *»edlen Wettbewerb«* mit brasilianischen Unternehmen. Erfolgreich ist man vor allem mit gut angepasster Technologie – die Entwicklung des FlexFuel-Motors bei BOSCH in São Paulo, der in beliebigen Mischungsverhältnissen mit Benzin und Alkohol fahren kann, ist ein Pfund, mit dem man gerne wuchert. 90 Prozent der in Brasilien zugelassenen Fahrzeuge können die Mischung vertragen. Wie erfolgreich der deutsche Cluster ist, zeigt eine andere Zahl, die der Kammerpräsident gern nennt: *»Zehn Prozent des brasilianischen Bruttoinlandprodukts werden von deutschen Firmen erwirtschaftet.«*

Die Kammer ist Knotenpunkt und Relaisstation in diesem Cluster, hilft Neuankömmlingen, unterstützt beim Gründen und bei allem, was Recht ist, bei Steuerfragen und beim Umgang mit Behörden. Sie vermittelt Kontakte in alle Richtungen. Man kennt die relevanten Personen in der Politik, ebenso die Berater, und man weiß, wie gut ausgebildetes Personal zu finden ist. Aber man darf den erfolgreichen Cluster nicht zur quasi heimischen Provinz machen, indem man unter sich bleibt. *»Man braucht einen brasilianischen Partner, der einen weiter einfädelt«*, sagt Acker. Einen vor allem, der die jeweilige Branche kennt.

»Wichtig ist die richtige Kombination aus persönlichen Kontakten und Systematik«

»Wichtig ist die richtige Kombination aus persönlichen Kontakten und Systematik.« Und die großen »Alten« unter den deutschen Unternehmen, diejenigen mit 100 oder mit 50 Jahren Erfahrung in dieser speziellen deutschen Industrieregion sind gerne bereit, »unter Freunden« zu beraten und mit ihrer Erfahrung zu helfen.
»Leider wird das viel zu wenig in Anspruch genommen«, bedauert Acker. Die Folge sind oft teure Fehler.
Auch die Ludwigshafener BASF gehört zu den großen »Alten« vor Ort. Die BADISCHE ANILIN- & SODA-FABRIK hatte bereits 1911 mit dem Verkauf von Anilin und Alizarin für die brasilianische Textil- und Lederindustrie begonnen. Wie viele andere unterhielt man eine Handelsrepräsentanz in der damaligen Hauptstadt Rio de

Janeiro. Im August 1955 entschloss sich das Unternehmen, auch in Brasilien zu produzieren und errichtete ein Werk in Guaratinguetá, zwischen Rio und São Paulo gelegen. Inzwischen gibt es sechs Produktionszentren, im Wesentlichen im Großraum São Paulo, die das ganze Spektrum eines Chemieunternehmens von klassischen Industriechemikalien über Farben und Agrarprodukte bis hin zu Zulieferprodukten für die Automobilindustrie bieten.
»Dass man insgesamt auf eine so lange Tradition zurückblicken kann, ist einer der Gründe für den Erfolg des deutschen Clusters«, ist Acker überzeugt. Man kann auf etwas setzen, das organisch gewachsen ist und deshalb große Stabilität besitzt.

TRADITIONEN

Das erste Buch, das in Brasilien im Vierfarbverfahren gedruckt wurde, war ein Kinderbuch. 1915 erschien bei Weiszflog Irmãos – Gebrüder Weiszflog – Hans Christian Andersens Märchen vom hässlichen Entlein: *»O Patinho feio«*.
Otto Weiszflog war als erster von drei Brüdern 1894 aus Hamburg nach São Paulo gekommen. Alfried und Walter folgten später. Die Firma verlegte sich zunächst auf die Buchbinderei, um schon einige Jahre später mit eigener Druckerei im Hause vor allem Schulbücher, Atlanten und Almanache herauszugeben oder auch Spiralblöcke zu produzieren. Die Druckmaschinen kamen aus Deutschland. Währenddessen hatte Antônio Proost Rodovalho die Brüder Hemmer aus Neidenburg in der Pfalz mit der Planung einer Fabrik beauftragt, die einen Stoff produzieren sollte, den die aufstrebende Wirtschaft São Paulos Ende des vorletzten Jahrhunderts dringend benötigte: Papier.

1890 ging die erste Produktionsanlage der Companhia Melhoramentos in Betrieb – 1899 kaufte man bereits die zweite Papiermaschine – in Deutschland.
Melhoramentos und Weiszflog sind schnell im Geschäft miteinander – schließlich kaufen die Brüder Weiszflog 1920 den Papierproduzenten. Die Produktionskette ist komplett, und es entsteht ein Slogan, der lange die Philosophie des gewachsenen Unternehmens benennen sollte: *»Vom Baum zum Buch.«*

Heute ist MELHORAMENTOS als global agierendes und exportstarkes Unternehmen führend in der Herstellung von Tissuepapieren, ist zugleich einer der größten Kinder- und Jugendbuchverlage Lateinamerikas, der zudem als eines der ersten Verlagshäuser Bücher auf CD herausbrachte. E-Commerce nicht nur von Büchern ist ein weiterer wesentlicher Geschäftszweig. Bei der Produktion achtet man auf Nachhaltigkeit. *»Wir gehören zu den wenigen Unternehmen in Brasilien, die seit 1920 auf den Schutz der einheimischen Waldbestände achten und die Wiederaufforstung verstärkt vorantreiben«*, erklärt Ingo Plöger, Geschäftsführender Direktor der COMPANHIA MELHORAMENTOS und Koordinator der Deutsch-Brasilianischen Initiativen. Umweltschutz ist keine Erfindung dieser Tage.

»Deutschland sollte das Netz der in Brasilien tätigen Firmen noch viel intensiver nutzen. 1.200 deutsche Unternehmen haben Niederlassungen in Brasilien, allein in São Paulo sind es 800«

Unternehmen wie MELHORAMENTOS sind ein Erfolgsfaktor der brasilianischen Wirtschaft. Und als Besitzer zweier Kulturen spielen sie eine bedeutende Rolle für das Prosperieren des deutschen Clusters in São Paulo sowie bei der Vermittlung erfolgreicher bilateraler Geschäftsbeziehungen.
»Deutschland sollte das Netz der in Brasilien tätigen Firmen noch viel intensiver nutzen«, meint Plöger: *»1.200 deutsche Unternehmen haben Niederlassungen in Brasilien, allein in São Paulo sind es 800.«* Und die Verankerung in der Tradition hat durchaus Vorteile gegenüber gelegentlich überreizten und nicht immer nachhaltigen Investitionsaktivitäten im fernen Osten.

Übrigens gehört auch die deutsche Schule in São Paulo mit 130 Jahren zum traditionellen »Cluster«. Das COLÉGIO VISCONDE DE PORTO SEGURO ist ein Begriff in ganz Brasilien, und inzwischen sind rund 80 Prozent der Abiturienten Brasilianer. 80 Prozent der Abiturienten wiederum studieren in Deutschland. So macht man sich Freunde. Bei der Feier zum 125-jährigen Bestehen der Schule musste man ein Stadion anmieten, um genügend Platz für die 46.000 Besucher zu haben.

Vielfalt erfreut São Paulo ist zwar der mit Abstand größte deutsche Cluster in Brasilien, aber nicht der einzige. So manches Unternehmen zieht lieber in etwas ruhigere Gegenden, hat Bernhard Kock, Gründer und Geschäftsführer des Transferbüros WinTec festgestellt. *»Besonders der Süden des Landes ist attraktiv«*, sagt Kock. Und so gibt es auch in Paraná, Santa Catarina und Rio Grande do Sul, Bundesstaaten mit einem starken deutschstämmigen Bevölkerungsanteil, neben den alteingesessenen Firmen schon nennenswerte deutsche Neuansiedlungen. 200 km von Porto Alegre (Rio Grande do Sul) entfernt ist ein inzwischen sehr bekannter Werkzeug- und Formbau-Cluster entstanden. In Curitiba (Paraná) sind Elektrotechnik, Elektronik und Fernmeldewesen stark. Die VOLKSWAGEN AG unterhält hier ein Werk mit 3.000 Beschäftigten.

Doch auch weiter im Norden haben sich deutsche Firmen niedergelassen. In Minas Gerais etwa ist die Autozulieferbranche sehr stark. *»Es ist ein gutes Gemisch von Großen und Kleinen«*, erklärt Kock, der deutschen Firmen auch den bislang eher vernachlässigten Nordosten des Landes ans Herz legen möchte. Im Bundesstaat Bahia, nahe Salvador, haben sich in der Nähe des erfolgreichsten Fordwerks der Welt inzwischen auch zahlreiche deutsche Firmen angesiedelt. Unter ihnen Schwergewichte wie THYSSEN und PELZER. Fortaleza mausert sich zu einem internationalen Standort für Metallbau und tut sich außerdem hervor mit ökologischer und ökonomischer Zukunftsmusik: Windenergie. – Brasilien hat 8.000 km Küste.

VOM NUTZEN DER GELEHRSAMKEIT

Eines haben viele dieser Unternehmen – ob nun in São Paulo oder woanders gelegen – gemeinsam: Sie brauchen wissenschaftlichen Input und qualifizierte Beschäftigte. In Brasilien und speziell im Hightechcluster São Paulo ist der Austausch zwischen Wissenschaft und Wirtschaft ein heiß diskutiertes Thema. Und so spielt auch im Rahmen der wirtschaftlichen Beziehungen zwischen Deutschland und Brasilien der an Wirtschaftsprozesse gekoppelte Wissenschaftsdialog eine zunehmend große Rolle.

Berhard Kock hat die Erfahrung gemacht, dass deutsche Firmen, die neu ankommen und wissenschaftlichen Input benötigen, nicht unbedingt von sich aus auf die Hochschulen vor Ort zugehen. Wenn sie diesen Schritt überhaupt tun, suchen sie sich wissenschaftliche Partner in Deutschland, die unter Umständen ihrerseits brasilianische

Forschungspartner haben – ein Spiel über Bande. Die wohl bekannten und viel diskutierten deutschen Schwellenängste und Sprachprobleme zwischen Wissenschaft und Wirtschaft gehen auf Reisen. Dabei ist gerade São Paulo bestens versorgt mit hochklassiger Wissenschaft. 147 Hochschulen mit 450.000 Studierenden und zahlreiche weitere Forschungseinrichtungen sind eines der herausragenden Zentren der brasilianischen und insgesamt lateinamerikanischen Wissenschaftsproduktion – schließlich investiert der Estado de São Paulo soviel in die Forschung wie die anderen 26 Bundesstaaten Brasiliens zusammen, das wiederum insgesamt 15 Prozent der wissenschaftlichen Weltproduktion beisteuert.

Die UNIVERSIDADE DE SÃO PAULO (USP), gegründet 1934, ist mit vier Campi, vier Kliniken, fünf Museen, 76.560 Studierenden und 42 Bibliotheken das Schwergewicht unter den wissenschaftlichen Einrichtungen und die bedeutendste Universität Lateinamerikas. Das DEUTSCH-BRASILIANISCHE TECHNOLOGIE-INSTITUT ITBA hat seit 2001 seine Räume in der TECHNISCHEN HOCHSCHULE auf dem Campus der Universität. Es soll den Transfer von Technologien vorantreiben, deren Modernisierung beschleunigen und Dienstleistungen für die Industrie bereitstellen. Kernstück des Instituts ist eine Modellfabrik mit innovativen Laboren.

Das Volumen der Landesstiftungen ist an das Mehrwertsteueraufkommen gekoppelt, so dass die Wissenschaft automatisch von einer prosperierenden Wirtschaft profitiert

Brasilien verfügt zudem über eine ausgereifte Förderstruktur. Das Volumen der jeweiligen Landesstiftungen ist an das Mehrwertsteueraufkommen gekoppelt, so dass die Wissenschaft automatisch von einer prosperierenden Wirtschaft profitiert. Dementsprechend übersteigen die Möglichkeiten der Landesstiftung FAPESP, der größten Stiftung des Bundesstaates São Paulo, bei weitem die Volumina vergleichbarer Stiftungen in Deutschland. Die Stiftungen finanzieren aber nicht nur die Hochschulwissenschaft, sondern auch neue Entwicklungen in den Unternehmen. Dafür müssen die Firmen andere an ihrem Know-how teilhaben lassen. So erreicht man einen Umlauf der Mittel.

»Zwischen den alt eingesessenen deutschen Firmen und der hiesigen Wissenschaft gibt es Kooperationenen«, beschreibt Kammerpräsident Acker den Unterschied zu den Newcomern. *»Besonders im naturwissenschaftlich-technischen, spezifisch ingenieurwissenschaftlichen Bereich, der sich in Brasilien seit 20 Jahren durch Spitzenleistungen auszeichnet.«* Um diese Prozesse zu unterstützen, veranstaltet die Kammer ein Wissenschaftsforum, bei dem deutsche und brasilianische Forscher mit deutschen und brasilianischen Unternehmern zusammentreffen. Ein Highlight dieser Art Aktivitäten ist eine Messe wie die »ecogerma« im März 2009 in São Paulo. Sie hat zum Ziel, die äußerst innovative deutsche Umwelt- und Nachhaltigkeitswirtschaft – die nach Ansicht der Veranstalter ihr Licht noch zu sehr unter den Scheffel stellt – in einem Zukunftsmarkt zu präsentieren, Kooperationen, auch zur Wissenschaft, anzubahnen und Nachwuchskräfte für deutsche Firmen zu akquirieren.
Ein weiteres Highlight der Zusammenarbeit ist das Virtual Reality Centre der Volkswagen AG, das Bundeskanzlerin Angela Merkel im Mai 2008 gemeinsam mit VW-Chef Martin Winterkorn in São Bernardo do Campo bei São Paulo eröffnet hat. Das neue Fahrzeug-Entwicklungszentrum ist eine absolute Innovation und die erste Einrichtung dieser Art in Südamerika. Kernstück des Zentrums ist eine fünf Meter breite Leinwand, mit deren Hilfe ein Automobil so entwickelt werden kann, als wäre es real – Hightech der neuesten Generation. Das Zentrum ist bereits völlig ausgelastet. Nur etwas später wurde übrigens in Braunschweig in Kooperation mit der dortigen Technischen Universität als weiteres Highlight der VW-Konzernforschung das Niedersächsische Forschungszentrum für Fahrzeugtechnik eingeweiht. (siehe auch »Weitsicht«, Seite 62)

Gemeinsam nachdenken

»Es gibt eine Vielzahl gemeinsamer Forschungsthemen«, betont Ingo Plöger, der sich als Koordinator der Deutsch-Brasilianischen Initiativen eine lebhafte Kooperation zwischen Wissenschaft und Wirtschaft zu beiden Seiten des Atlantiks wünscht. *»Auch in Deutschland wird erfolgreich zur zweiten Generation Ethanol geforscht«*, nennt er ein erstes Beispiel – einer Technologie mithin, in der Brasilien weltweit führend ist. *»In der Metallurgie wiederum ist deutsche Forschung unerreicht.«*[1]
Auch beim Flugzeugbau gibt es viele Gemeinsamkeiten – nicht nur die Tatsache, dass die Lufthansa Cityline mit brasilianischen Maschinen fliegt.[2] *»Ein ganz neuer Impuls ist der Schiffbau«*, weiß Plöger.[3] Und

Logistik ist beiderseits des Atlantiks ein Zukunftsthema.[4] Aber auch im Maschinenbau, in der IT[5], beim Agrobusiness insgesamt oder in der Bio- und Phytomedizin kann man maximal voneinander profitieren.[6] – Clusterbildung …
Brasilien tummelt sich in vielen technologielastigen Branchen längst an der Weltspitze. Aber nicht alle können sich dahindenken – zu kontraintuitiv für die mitteleuropäische Arroganz.

»Es gibt eine Vielzahl gemeinsamer Forschungsthemen«

1 *»Keine Kohle«, Seite 30*
2 *»Ein Standort wird zum Vorteil«, Seite 90*
3 *»Weitsicht«, Seite 57*
4 *»Weitsicht«, Seite 54; »Ein Standort wird zum Vorteil«, Seite 93*
5 *»Keine Kohle«, Seite 37; »Deutschlands forscher Osten«, Seite 76; »Alles außer Hochdeutsch«, Seite 117*
6 *»Ein Standort wird zum Vorteil«, Seite 91*

Mythenbestände

»Es gibt ganz abenteuerliche Vorstellungen davon, was für ein völlig verarmtes und minderbemitteltes Entwicklungsland Brasilien sei«, hat Kammerpräsident Acker bei seiner Arbeit immer wieder erfahren. Für viele – schlecht informierte Zeitgenossen – ist Brasilien ein hässliches Entlein mit Hyperinflation, Staatsverschuldung und volatilen Märkten. Anders als Deutschland ist Brasilien ganz bestimmt. *»Aber 80 Prozent dessen, was nicht gelingt, sind Managementfehler«*, weiß Acker. *»Viele haben Rezepte von zuhause im Gepäck und scheitern damit.«* Sie sind schlecht vorbereitet, weil sie Vorbereitung nicht für nötig hielten – schließlich habe man ein erstklassiges Produkt.

*»80 Prozent dessen,
was nicht gelingt,
sind Managementfehler«*

»Gerade im KMU-Sektor kann man solche Fehleinschätzungen gelegentlich beobachten«, sagt Acker und empfiehlt unter anderem, eine regelgerechte Marktstudie anfertigen zu lassen. Hochpreisige Technologie kann vielleicht derzeit noch zu teuer sein oder mehr noch: Sie wird gar nicht gebraucht oder es gibt sie schon. Mit dem Nichtwissen geht mitunter eine Haltung einher, die das Scheitern garantiert. *»So manch einer glaubt, dass die Brasilianer nur auf ihn und seine Produkte gewartet haben«*, beschreibt Acker ein Auftreten, das er *»Arroganz des Heimaterfolges«* nennt. *»Damit wird man sicher keinen Erfolg haben.«*
Man muss es sich nur einmal umgekehrt vorstellen.

*»Mit der Arroganz des Heimaterfolges
wird man keinen Erfolg haben«*

Eine ähnliche Haltung führt dazu, dass Lösungen, die im Hightechland Brasilien entwickelt werden, in Deutschland nicht ernst genommen werden, weiß Ingo Plöger. Nicht, weil sie schlecht sind oder nicht auf dem neuesten Stand wären. Sie wurden einfach nicht im Rahmen einer der zahllosen vorgeschriebenen Standardprozeduren und nicht von Leuten mit einem der zahllosen deutschen Bildungspatente hergestellt. »*Italien und Frankreich sind da flexibler*«, sagt Plöger nur.
Und die stehen auch in den Startlöchern etwa bei der Ausschreibung der geplanten Hochgeschwindigkeitsstrecke zwischen Rio de Janeiro und São Paulo im ersten Quartal 2009. Sie ist 420 Kilometer lang und liegt genau in der Region, in der etwa 40 Millionen Menschen leben und 45 Prozent des brasilianischen Bruttoinlandproduktes erwirtschaftet werden. Eigentlich stehen gerade für deutsche Firmen die Chancen gut. Auch Öl und Gas sind Milliardeninvestitionen, nachdem man vor der brasilianischen Küste gigantische Vorkommen gefunden hat. In welchen Konsortien wird ihre Erschließung stattfinden? »*Das sind Grundsatzfragen*«, sagt Plöger.

»Die Kündigung des Doppelbesteuerungsabkommens ist eine volkswirtschaftliche und soziale Katastrophe«

All dies sind Dinge, die man mit der passenden »Nachhilfe« aus der Welt schaffen kann, wissen die Experten. Doch sie nennen ein echtes Hindernis, eine »volkswirtschaftliche und soziale Katastrophe«, das die Zusammenarbeit zwischen zwei Ländern, die einander brauchen, insgesamt erschwert: Die Kündigung des Doppelbesteuerungsabkommens führt dazu, dass jeder deutsche Lehrer in Brasilien, jede brasilianische Professorin in Deutschland, jeder Entwicklungshelfer, jede Putzfrau und jedes Unternehmen in beiden Ländern fiskalisch zur Kasse gebeten wird.

vgl. auch:
Susanne Weiss,
Wissenschaft und Wirtschaft in der Globalisierung –
Regionalstudien in Deutschland,
Berlin, 2007.
Mit einem Vorwort von Arend Oetker

EINE WEGKREUZUNG IM LAND

São Paulo erschließt sich dem Betrachter erst bei genauerem Hinsehen. Die Stadt macht sich nicht gefällig, ist eine Arbeitsstadt, wie Rolf-Dieter Acker es nennt. Fleißig sind die Paulistas, so will es ihr Ruf. Der ihnen auch nachsagt, das Gegenteil der »Carioca« zu sein, des eher zu Feierlaune neigenden Rio de Janeiro.

Der Verkehr ist überbordend, die Stadt hat die zweitgrößte Hubschrauberdichte nach New York. Kriminalität und Armut sind Probleme, deren Ursachen sich auch nicht immer dem ersten Blick erschließen. Und ebenso wenig wie in der Wirtschaft sind die Rezepte, die in einem anderen Erdteil vielleicht funktionieren, hier unbedingt die passende Lösung. Und wie über kurz oder lang in jedem Industriecluster sind auch in São Paulo die Umweltprobleme erdrückend. Grenzen des Wachstums, die Stefan Zweig nicht kennen konnte. Gerade deshalb sind Fragen sauberer Energie, umweltverträglicher Produktion und Nachhaltigkeit auf der Agenda, auch eine ganz allmähliche Umstellung auf gehobene Dienstleistung ist schon zu spüren – Premiumthemen übrigens für den kreativen Austausch von Wissenschaft und Wirtschaft.

Auch São Paulo feiert gern bei aller Arbeit, ist 24 Stunden geöffnet, fasziniert mit überwältigendem künstlerischem Leben. Die bedeutenden Musiklabels haben hier ihren Sitz, Design aus São Paulo ist Weltklasse. Auch die Liebhaber alteuropäischer Hochkultur kommen hier auf ihre Kosten. Sie haben die Wahl zwischen Oper, Theatern, Konzerthäusern erster Kategorie. Und alles, was gut und teuer ist auf der Welt, muss sich einmal in São Paulo blicken lassen.

Eher unbemerkt von der deutschen Öffentlichkeit ist jenseits des Atlantiks die größte deutsche Industrieregion entstanden. Bei allen Unterschieden mit großen Ähnlichkeiten als ein Stück regionale Verbundwirtschaft, die sich fit macht für die nachindustrielle Maßschneiderei. Beim »Clustern« bekommt zwar der »Landsmann« den Zuschlag nur dann, wenn er mindestens genau so gut ist wie die Konkurrenz. Dann aber kauft man auch hier am liebsten in der Nachbarschaft. In einem Schlüsselland voller Kreativität, Erfindungsreichtum und Unternehmergeist, das inzwischen ein Land ist, das viele Krisen hinter sich hat, doch von neueren Erschütterungen weit weniger getroffen wird.
Ingo Plöger: *»Das wird auffallen.«*

Und »O Pathinho feio«, das Märchen vom hässlichen Entlein, ist ja auch die Geschichte einer Fehleinschätzung.

BEM-VINDO EM SÃO PAULO

Aus einer Wegkreuzung im Land wird eine der größten Metropolregionen der Erde. Der Kaffee bringt ersten Reichtum. Der industrielle Kern entsteht. Mit der Zeit und nahezu unbemerkt von der deutschen Öffentlichkeit wächst jenseits des Atlantiks die größte deutsche Industriestadt heran. Seit über 100 Jahren hat sich hier ganz im Sinne regionaler Verbundwirtschaft ein Cluster besonderer Art entwickelt, hoch innovativ und in hochproduktivem Einvernehmen mit seinem ebenso innovativen wie leichtfertig unterschätzten Gastland Brasilien: Bem-vindo em São Paulo.

HIGHTECH

Agrikultur und Agrobusiness, IT, Triebwerktechnologie, Auto- und Maschinenbau, Papier, Biomedizin, Chemie, Ingenieurwissenschaften.

HEIMATKUNDE

Eine Mischung aus selbstbewusster Ruhe und Betriebsamkeit, die weiß, was sie ändern kann und was nicht. Pragmatismus und Durchhaltevermögen.
Die größte Integrationsmaschine der Welt mit Vielsprachigkeit und Weltläufigkeit.
Unerschütterliche Freundlichkeit in allen tausend Dörfern.
Zu wissen, dass es immer eine Alternative gibt.

Deutsch-Brasilianische Industrie-und Handelskammer in São Paulo
www.ahk.de/?id=sao_paulo
BASF S.A.
www.basf.com.br/
Companhia Melhoramentos
www2.melhoramentos.com.br/

Transferbüro WinTec
www.wintec-online.com
Volkswagen do Brasil
www.vwbr.com.br/
Robert Bosch Ltda.
www.bosch.com.br/

Universidade de São Paulo (USP)
www4.usp.br/
Deutsch Brasilianisches Technologie Institut ITBA
www.itba.com.br

EPILOG

»MAN HAT JA AUCH IMMER MIT MENSCHEN ZU TUN«

HOCHSCHULEN IN DER REGION

Unendliche Mühen werden darauf verwendet, es besser zu machen – von wohlfeilen Appellen bis zu teuren Förderprogrammen. Seit Jahren versucht man immer wieder, »die« Wissenschaft« an »den« Mittelstand zu bringen, um jedes Mal anschließend frustriert zu erklären:

Es geht nicht.

Wir haben auf unserer Reise durch die Republik einige dieser »Mühen« besucht und sind zu dem Schluss gekommen:

Es kommt darauf an.

WIE SCHON DIE REGIONEN, sind auch die Hochschulen nur schwer miteinander zu vergleichen – weder in der Art, wie sie sich mit der Wirtschaft verständigen, noch wie sie sich dabei in der Region positionieren. Was im einen Fall funktioniert, muss für den anderen kein Modell sein. Die einfache Unterscheidungslinie Fachhochschule – Universität trifft es nicht wirklich. Auch pauschale Nord-Südgefälle und Ost-West-Vergleiche tragen nicht weit.
Einige Ähnlichkeiten lassen sich dennoch ausmachen, wenn es um den Austausch geht. Erstens: Man kauft am liebsten in der Nachbarschaft und zweitens:

Es geht.

Es ist in Deutschland noch für viele ein ebenso ehernes wie bequemes Gesetz, dass Freiheit der Wissenschaft nur durch Weltferne zu gewinnen sei. Alles andere gilt als Zumutung. Die Loyalität gehört dem Fach, der »Schule« vielleicht, nicht einmal der Organisation Universität, der man angehört. Neuerdings »international sichtbar« zu sein, ist oft genug die Ausdehnung dieser Haltung auf planetarisches Format – man bleibt weltweit unter sich. Und frei nach einem bekannten schwäbischen Geständnis scheint so mancher Auftritt einer Hochschule sagen zu wollen: Wir können alles außer Deutsch: *homeless science* in Zeiten des *homeless capitalism*?

»Bei den Hochschulen muss ein Bewusstsein dafür geschaffen werden, dass sie eine Rolle bei der regionalen Entwicklung haben«

Schon 2006 forderte Bildungs- und Forschungsministerin Annette Schavan: *»Bei den Hochschulen muss ein Bewusstsein dafür geschaffen werden, dass sie eine Rolle bei der regionalen Entwicklung haben.«* In der Wirtschaft weiß man längst, dass »internationale Sichtbarkeit« und die Liebe zur »Provinz« kein Widerspruch sind. Ganz im Gegenteil. Schon vor 150 Jahren hat man erkannt, dass das eine ohne das andere nicht zu haben ist. *(siehe Einleitung, Seite 11)* Am Beginn des 21. Jahrhunderts weiß man aber auch, dass ein starker Auftritt in der Welt nicht mehr ohne Wissenschaft zu haben ist. Und die braucht man schlicht und ergreifend in der Nähe. Räumliche Nähe von Forschungseinrichtungen und Unternehmen ist nämlich ein wichtiger Faktor für die Entwicklung eines innovativen Milieus – unverzichtbar für die »nachindustrielle Maßschneiderei«.

Im Zuge der Bildungsreformen der 60er-Jahre fiel den Universitäten die Aufgabe zu, das Grundrecht auf Bildung zu bedienen, während die Fachhochschulen quasi für die Strukturpolitik zuständig waren und in der Regel die unternehmerischen Stärken einer Region abbildeten. Berührungsängste und ideologische Vorbehalte waren hier nicht eingebaut, weshalb besonders Mittelständler die Fachhochschulen als Partner schätzen. Aber es sind nicht nur Fachhochschulen, die eine Verankerung in der Region – auch im eigenen Interesse – für angemessen halten.

Im Ruhrgebiet waren die Universitäten durch den Charakter ihrer Gründung von Anfang an – wenn auch anfangs noch nicht explizit – in gewisser Weise Komponenten der Strukturpolitik. Sie verankern sich klar in der Region zum Nutzen der Region, die diese Universitäten braucht, um wirtschaftlich prosperieren zu können. Ohne die Universitäten kein Wohlstand, ohne Wohlstand keine Universitäten.

Aber auch an anderen Orten, wo eine Verpflichtung auf Gegenseitigkeit erkannt ist, öffnen sich die Universitäten und entwickeln mehr Praxisorientierung.

Wie in den STÄDTEN DER WISSENSCHAFT.

Wo eine Verpflichtung auf Gegenseitigkeit erkannt ist, öffnen sich die Universitäten und entwickeln mehr Praxisorientierung

Stadt- und Regionalentwicklung war ein Kriterium beim Wettbewerb, den solche gewonnen haben, deren in der Regel größte wissenschaftliche Einrichtungen, die Universitäten, in der regionalen Positionierung keine Gefährdung der internationalen Freiheit des Geistes sehen. Alle bisherigen STÄDTE DER WISSENSCHAFT hatten schwierige strukturelle und (bildungs-)politische Herausforderungen zu meistern, die sie erfolgreich durch die Konzentration auf wissenschaftliche Stärken angingen. Ohne eine entsprechende Haltung der Universitäten wäre das gar nicht möglich gewesen.

Auch im Osten der Republik verankern die Universitäten sich explizit in der Region. Dort haben sie nicht die bekannten Entwicklungen bundesrepublikanischer Hochschulen genommen und hatten zudem bei ihrer Restrukturierung Lasten zu schultern, die jede westdeutsche Alma mater in die Knie gezwungen hätte. Wie im Ruhrgebiet musste man pragmatisch sein, um über die Runden zu kommen und vor allem kreativ: »*Unsicherheit macht erfinderisch*«, beschreibt der Rektor einer ostdeutschen Universität die Sachlage.

Die Zeit spielt für die Kleinen, die Schnellen und die Pragmatischen

Eines der Erfolgsrezepte an den klassischen Universitätsstandorten Dresden und Jena war aber auch, dass man an Traditionen aus einer Zeit anknüpfen konnte, als Wissenschaft und Wirtschaft noch miteinander konnten.
Die Zeit spielt für die Kleinen, die Schnellen und die Pragmatischen, seien es Fachhochschulen oder Universitäten. Und nach dem Motto »*Gleich und gleich gesellt sich gern*« sind die übersichtlichen Häuser besonders für einen Mittelständler attraktive Partner. Wenn sie zudem die richtige Grundgeschwindigkeit haben, durch die Abwesenheit von komplizierter Fachbereichsstruktur und von Verwaltungsdickicht glänzen, sind sie für den Transfer zum Nutzen und Frommen aller Beteiligten wie geschaffen. Derlei Eigenschaften schätzen allerdings auch die Großen.
Eine gute Verankerung in der Region zahlt sich immer aus; durch zahlreiche wissenschaftliche und wirtschaftliche Kooperationen macht man sich Freunde. Zum Beispiel, wenn es darum geht, zusammen mit Unternehmen ein neues Studienangebot zu entwickeln, Unternehmensvertreter als Lehrkräfte zu gewinnen, Drittmittel einzuwerben, zusammen mit den befreundeten Forschungseinrichtungen einen wissenschaftlichen Leuchtturm zu schaffen, Absolventen in Lohn und Brot zu bringen oder richtig große Public-Private-Partnerships anzuschieben.
Wo allerdings wirtschaftlicher und wissenschaftlicher Kahlschlag betrieben wurde wie nach der Wende zunächst in weiten Teilen Ostdeutschlands, ist alles nur schwer.

Ein gutes Motiv für Hochschulen, Welthaltigkeit zu gewinnen, ist es indessen, wenn die Wissenschaft für das Standortmarketing genutzt wird. Es stärkt das Selbstbewusstsein und wirkt sehr belebend, wenn man gebraucht wird. Regionen, die nicht mit ihrer Wissenschaft werben, haben schon jetzt das Nachsehen.
International aufgestellt und »sichtbar« sind sie übrigens alle – auch

die ganz kleinen Fachhochschulen. Ohne sie wäre die »nachindustrielle Maßschneiderei«, die Exportstärke der deutschen Wirtschaft, gar nicht zu haben. Außerdem bringt es Vorteile beim Eintritt in die heimische wissenschaftliche und wirtschaftliche Wertschöpfungskette.

Tatsächlich ist vieles schon geschehen, und vieles ist auf einem guten Weg. Wenn man sich nicht darauf kapriziert, »die« Universität an »den« Mittelstand zu bringen, und das möglichst sofort. »Der« Mittelstand ist alles in allem mit Wissenschaft gut versorgt, und die Kenner der Szene wissen, dass man ohnehin zusammenkommt, wenn die Alternative der Untergang ist.

Ein Teil des Problems scheint aber auch zu sein, dass man in der vermeintlichen Bel Etage des Wissenschaftsbetriebs einen sehr reduzierten Wissenschaftsbegriff pflegt, der arrogant allem anderen die Weihen entzieht und der auch deswegen gern die Rede vom Schweigen zwischen »Wissenschaft« und »Wirtschaft« führt …

Nur: welche Wissenschaft?

TRANSFERPHILOSOPHIE

Kooperationen gelingen da am besten, wo die Industrie Input braucht, seien es Fachkräfte oder Innovationen. In den Zeiten von Globalisierung und Spezialisierung ist das Neueste und Beste gerade gut genug, wenn ein Unternehmen marktfähig bleiben will. Umgekehrt leiten Unternehmen – und hier besonders Mittelständler – aus eigenen vitalen Interessen eine Verpflichtung gegenüber der Region und der regionalen Wissenschaft ab. Man weiß, dass Erfolg und Engagement einander bedingen.

Kooperationen gelingen da am besten, wo die Industrie Input braucht

Der Zugang zu hochqualifizierten Fachkräften und Führungsnachwuchs ist für alle Arten von Unternehmen in allen Regionen ein Schlüsselanliegen. Aber besonders im Osten der Republik ist man mit einer starken demografischen Strapaze konfrontiert.

Der zu alledem unvermeidliche Kontakt zur Wissenschaft funktioniert am besten in guter Nachbarschaft. Wo man sich kennt und wo man sich immer wieder über den Weg läuft. Besonders gut läuft es da, wo Wissenschaft und Wirtschaft gemeinsam die Kernkompetenzen einer Region bespielen und verstärken. Wind, Meer und Bewegung etwa im Norden oder das liebe Geld im hessischen Finanzcluster.

Das heißt nicht, dass die Hochschulen ihrerseits nun abwarten können, bis jemand kommt und die Drittmittel mit dem Lastwagen vor der Tür abkippt, zumal immer noch verschiedene Arten von Ermunterungen nötig sind, auch tatsächlich mit der Wirtschaft zu kooperieren. Für die Hochschulen wird dies zunehmend interessant, wenn die öffentlichen Zuwendungen an Drittmittel aus der Wirtschaft gekoppelt sind, wie es in einigen Bundesländern inzwischen praktiziert wird.

Und tatsächlich: Nach der ersten Ermutigung geht die Zusammenarbeit manchmal ganz geschmeidig vonstatten. Denn so mancher Unternehmensvertreter stellt erfreut fest: *»Der Drang zur Umsetzung ist schon da.«* Groß sind Erstaunen und Freude auch bei den Wissenschaftlern, wenn nach komplexer Forschung auf einmal ein veritables Produkt entstanden ist.

Besonders gut läuft es da, wo Wissenschaft und Wirtschaft gemeinsam die Kernkompetenzen einer Region bespielen und verstärken

»Der Sinn des Menschen ist der Mensch«, lehrt uns Heinrich Heine – sicher zum Entsetzen aller Planer und Steuerer. Natürlich sind Menschen auch beim Transfer zwischen Wissenschaft und Wirtschaft der spielentscheidende Faktor. Ohne sie werden die schönsten Planungen, ausgefeiltesten Strukturen und besten Steuerinstrumente schnell Makulatur. Mit ihnen sind selbst widrigste Umstände zu überwinden. Sogar die Untiefen des Föderalismus.

Viele Instrumente werden mit viel Aufwand auf den Weg gebracht, verfehlen aber häufig ihr Ziel. Es ist wenig erfolgversprechend, die Kompetenz von Wissenschaftlern über Fragebögen zu ermitteln, in Datenbanken einzustellen oder Transferbeauftragte zu ernennen und zu glauben, man hätte schon alles getan. Was einmal funktioniert, tut es vor allem über persönliche Netzwerke. Gebraucht werden auch einzelne Schnittstellenaktivisten, die – in verschiedenen Szenen zuhause – diese dann auch zuammenbringen können.

Persönliche Beziehungen leben wie gute Geschäftspartnerschaften auch vom »moralischen Kapital«; Vertrauen etwa ist eine unverzichtbare Währung. Es ist die Voraussetzung für die erfolgreiche regionale Clusterbildung der deutschen Wirtschaft, hat oft eine ganz außerwirtschaftliche Basis und gehört in den Bereich dessen, was in der Mainstream-Wirtschaftswissenschaft eher diskreditierend als erklärend *moral economy* genannt wird.
Vertrauen bedarf der räumlichen Nähe und zahlreicher persönlicher Begegnungen. Und der informellen Kontakte. Dass die Pausen von Tagungen und Konferenzen oft das Eigentliche sind, *the real thing*, ist längst keine Neuigkeit mehr.
Mit vertrauensvollen Beziehungen zwischen Personen in Forschungseinrichtungen und Unternehmen kann das ausgetauschte Wissen zur Innovation werden. Damit hält man das Wissen in der Region und mit ihm den hochqualifizierten Nachwuchs. Der Region geht es gut.

Am besten funktionieren Austauschprozesse, die sich ihrer selbst nicht bewusst sind

Eigentlich alles Dinge, die in regionalen Netzwerken immer schon praktiziert und immer schon gewusst wurden, mit denen die deutsche Wirtschaft groß geworden ist als regionale Verbundwirtschaft – vor allen Förderprogrammen und vor jeder wissenschaftlichen Analyse.
Offenbar funktionieren am besten Austauschprozesse, die sich ihrer selbst nicht bewusst sind.
Und viele wissen, was leidenschaftliche Planer und Konzeptentwickler, deren Arbeitsgerät das Reißbrett ist, in Verzweiflung stürzt. *»Vieles entsteht zufällig.«*

BEZIEHUNGSARBEIT IST PROGRAMM

DER WETTBEWERB »AUSTAUSCHPROZESSE« Erfolgsrezepte für den Austausch prämierte auch ein weiterer Wettbewerb des STIFTERVERBANDES. Zusammen mit dem BUNDESMINISTERIUM FÜR BILDUNG UND FORSCHUNG (BMBF) suchte er die herausragenden Ideen für den Wissens- und Technologietransfer zwischen Hochschulen und Wirtschaft. Ursprünglich hatten sich 85 staatliche und private Fachhochschulen und Universitäten beworben. Fünf Hochschulen erhielten für ihre Projekte ein Preisgeld von je 250.000 Euro: Die TECHNISCHE UNIVERSITÄT DRESDEN, die UNIVERSITÄT LÜBECK, die HANDELSHOCHSCHULE LEIPZIG und die FACHHOCHSCHULEN in LÜBECK und MÜNSTER. Einen Sonderpreis in Höhe von 100.000 Euro erhielt die HOCHSCHULE FÜR FERNSEHEN UND FILM MÜNCHEN.

Einige von ihnen – auch solche, die nicht zu den ersten Gewinnern gehören – platzieren sich dabei explizit in der Region. (s. u.)

GEWINNER Zu den tragenden Elementen der Gesamtstrategie für den Austausch zwischen Hochschule und Unternehmen gehört an der TECHNISCHEN UNIVERSITÄT DRESDEN die frühzeitige Einbeziehung der Wirtschaft und die Berücksichtigung der Bedürfnisse von Unternehmen in Forschung und Lehre. Eine »TUD-Austauschplattform« soll diese Prozesse zusätzlich unterstützen. *(siehe auch »Deutschlands forscher Osten«, Seite 79)*

Die HANDELSHOCHSCHULE LEIPZIG (HHL) will ihre vielfältigen Kooperationen mit Unternehmen unter dem Dach der »HHL Open School Initiative« bündeln. Die Hochschule will sich als *»Ort und Partner einer kollaborativen Wissensgenerierung zwischen Managementwissen und Managementpraxis«* etablieren.

Die UNIVERSITÄT ZU LÜBECK strebt die Schaffung einer *»durchgehenden Innovationskette mit ständiger Rückkopplung zwischen Wirtschaft und Wissenschaft«* im Bereich der Lebenswissenschaften und der Medizintechnik an. Herzstück der Strategie ist die so genannte UNI-TRANSFERKLINIK GMBH, die gemeinsam von Partnern aus Wirtschaft und Wissenschaft getragen wird und in der gründungswillige Mediziner umfassende Beratung und Hilfe erhalten oder wo im OP-Forum neueste medizintechnische Entwicklungen und Operationsverfahren erprobt werden können.

Die FACHHOCHSCHULE LÜBECK hat den Aufgabenbereich Forschung und Transfer gleichwertig neben Ausbildung und Lehre etabliert. Der zugehörige Strategieplan will den Praxisbezug der Lehre und den Anwendungsbezug in der Forschung stärken, die Hochschule als Innovationsdienstleister für die Region positionieren und branchenorientierte Netzwerke aufbauen.

Die Fachhochschule Münster praktiziert eine enge Verzahnung mit der regionalen und überregionalen Wirtschaft. Unter dem Leitgedanken des »Partnering« strebt die Hochschule eine Zusammenarbeit mit Unternehmen an, die langfristig, bedarfsorientiert und praxisorientiert angelegt ist und beiden Seiten Gewinn bringt. Das Finalistenprojekt »Partnering: Denken. Lenken. Handeln« will die strukturelle Basis für die Optimierung von Austauschprozessen zwischen kleinen und mittleren Unternehmen und der Hochschule verbessern.
Einen Sonderpreis bekam die Hochschule für Fernsehen und Film München (HFF). Damit soll die Austauschidee eines Branchenforums unterstützt werden. Das »Studienzentrum für Filmtechnologie« wird in deutschlandweit einzigartiger Weise Ausbildung mit Weiterbildung verbinden und die Vertreter der Gerätehersteller mit den kreativen Anwendern und den Lehrenden der HFF zusammenführen. Insgesamt tut sich die Hochschule dadurch hervor, dass sie in herausragender Weise den Austausch mit Unternehmen ihrer Branche praktiziert.

Gewinnertypen

Gemeinsam mit den anderen Fachhochschulen des Landes Sachsen-Anhalt trägt die Hochschule Magdeburg-Stendal (FH) das Kompetenznetzwerk für Angewandte und Transferorientierte Forschung (KAT). Es dient der Schaffung von FuE-Partnerschaften, dem Wissens- und Technologietransfer, dem Personaltransfer und der Weiterbildung.
Unter dem Dach von KAT soll nun das Projekt »Career Circle« die Abwanderung junger Akademiker aus Sachsen-Anhalt stoppen.
Bisher verlassen sechs bis acht von zehn Absolventen das Land. Der Career Circle will mit einer noch zu entwickelnden Online-Plattform die Vermittlung von Studenten und Absolventen der Hochschulen in die regionale Industrie unterstützen.
Die Technische Fachhochschule Wildau begreift sich als Motor der regionalen Entwicklung in Ost-Brandenburg. Das Wettbewerbsprojekt zielt darauf ab, die Arbeit der Transferstellen der Hochschule zu verbessern. Ein Career Service soll aufgebaut werden und durchgängige Serviceangebote in allen Phasen des Studiums anbieten, von der Studentenwerbung über studienbegleitende Qualifizierungsangebote, Vermittlung von Praktika und Stellen bis zur Alumnibetreuung. Kleine und mittelständische Unternehmen will die Hochschule künftig bei der Einwerbung öffentlicher Forschungsgelder beraten und das eigene Know-how zur Verfügung stellen.

HALTUNGSFRAGEN

Auch an der richtigen Haltung ist mitunter noch zu arbeiten, wissen die Transferexperten. Selbst nach Ansicht vieler Forscher glauben große Teile der Wissenschaft immer noch zu sehr, die Wirtschaft habe lediglich den Staat zu ersetzen und zu bezahlen, ohne dass man gemeinsame Ziele definiert – die aber im Übrigen der stärkste Motor für gelingende Zusammenarbeit sind.

Man gibt sich gern modern, offen und drittmittelstark, ist aber weder gewillt zu diskutieren, noch Rechenschaft zu geben – schließlich ist man die Wissenschaft und nur sich selbst verpflichtet –, nimmt nur widerwillig angemessene organisatorische Anpassungen vor und interessiert sich denkbar wenig für die Belange der »Partner«.

Allerdings mehren sich die Wissenschaftler, die manchem Forschen ohne Ziel und Kontur und der oft kindlichen Bricolage eine Absage erteilen, dafür aber die Zielgerichtetheit der Wirtschaft schätzen. *»Die Industrie sagt, was sie braucht, und die Forschung erklärt, was sie kann.«*

Bei derlei Abstimmungsprozessen muss man einige Dinge im Auge behalten.

Als eines der größten Hindernisse für Zusammenarbeit jeder Art gilt die Zersplitterung der Wissenschaft in Einzeldisziplinen

Eine sichere Methode, gute Zusammenarbeit zu verhindern oder zu gefährden, ist es, falsche Erwartungshorizonte aufzumachen, vor lauter »Offenheit« zu signalisieren, man könne ad hoc das Detailproblem des Mittelständlers lösen. Zusammenarbeit insgesamt funktioniert ganz anders, vor allem braucht es Zeit, wissen die Kenner.

Und selbst da, wo man die legitimen Interessen der Wissenschaft selbstverständlich akzeptiert, begegnet man einem Umstand zunehmend mit Ungeduld. Als eines der größten Hindernisse für Zusammenarbeit jeder Art gilt die Zersplitterung der Wissenschaft in Einzeldisziplinen, die ja ohnehin kein Abbild der Wirklichkeit sein kann.

Der Druck, der durch Kooperationsdauerappelle erzeugt wird, ist ebenfalls nicht förderlich. Dem liegt der Wunsch der Planer und Steuerer zugrunde, gewünschte Ergebnisse linear herbeisteuern zu wollen. Ein sinnloses Unterfangen, wie erfahrene Schnittstellenaktivisten immer wieder betonen.

Die Erfolgreichen unter ihnen beherrschen vielmehr die Codes der Region, um Zugang zu den »richtigen Kreisen« zu haben. Sie kennen die Rituale und Spielregeln, die in Vorstandsetagen andere sind als in Universitätsgremien und in Laboren. Kluge Hochschulen setzen mit Weiterbildungsprogrammen an genau diesem Punkt an: Kontexterkennung in der Welt da draußen, und zwar angemessen regional codiert.

Eine hervorragende Methode, praktischen Input in die Hochschule zu holen und Kontakte zu knüpfen, ist es übrigens, Lehraufträge und Honorarprofessuren zu vergeben. Das sind zwar mies oder gar nicht bezahlte Jobs. Aber die Manager und die Chefs, die dazu gebeten werden, wissen die Ehre, die man ihnen erweist, zu honorieren. Mittelständler haben aber noch ein ganz spezielles Problem bei der Zusammenarbeit mit der Wissenschaft, eines, das nur mittelbar in der Wissenschaft selbst begründet liegt. Vielmehr sind es die großen Konzerne, die aus den Hochschulen die Expertise »absaugen« und sich den Zugang zu den hochqualifizierten Absolventen sichern. Dabei kommt ihnen ein tief sitzendes Vorurteil der Studierenden gegenüber dem Mittelstand entgegen, den man für piefig und spießig hält, und der tatsächlich noch zu wenig an seinem Image arbeitet. Aber er kann den Absolventen bieten, was die Großen oft nicht können – eine Beschäftigung nach ihren Möglichkeiten mit Freiheit zur Gestaltung und klaren Aufstiegschancen.
In Großkonzernen sind die Arbeitsfelder eng umrissen, und so mancher Tüftler musste nach kurzer Zeit entnervt feststellen, dass er nur ein Rädchen im Getriebe war, wo er so gern ein Rad erfunden hätte.

GRÜNDUNG – EINE PRIMA ALTERNATIVE?

»*Gründungen kommen in Wellen*«, sagt der Bielefelder Wirtschaftshistoriker Werner Abelshauser. So wie am Ende des 19. Jahrhunderts in Deutschland eine neue Kategorie von Wirtschaft entstand mit den Keimzellen vieler Unternehmen, die heute international agierende Großkonzerne sind, von Anfang an exportorientiert, von Anfang an wissenschaftsaffin. Die letzte Welle namens »New Economy« ist ja bereits den sprichwörtlichen Bach heruntergegangen. Wie ist die Lage heute?

Keine Frage, dass man ein paar Dinge erleichtern sollte, wenn es gilt, Gründungswillige zu unterstützen. Aber der Historiker empfiehlt den Blick in die Geschichte. *»Man sollte sich die Wellen ansehen und schauen, was ging und was nicht.«*

Was aus der Sicht vieler Gründungswilliger nicht geht, sind die einschlägigen Förderinstrumente. Sie werden als wenig hilfreich angesehen. Gründen ist maximal anstrengend und teuer – wenn man denn überhaupt an Geld gekommen ist. Und wer es trotzdem wagt, sieht sich flugs in einem Netz von Zwangsmitgliedschaften und Regulatorien gefangen, die man als junges Unternehmen an einem ohnehin schwierigen Neuanfang kaum zu schultern in der Lage ist. Abgesehen davon, dass das geltende Steuerrecht alle Appelle zur Eigeninitiative sonderbar klingen lässt. Derlei Erfahrungen sprechen sich herum. Man möchte auch fragen, von wem vor allem die Klage über ein fehlendes Gründungsklima oder mangelnden Mut zu gründen geführt wird und wen sie eigentlich adressiert. Denjenigen, die den Mut aufbringen, die staatliche Fürsorge zu verlassen, wird alles nur schwer gemacht. Überall da, wo die Arbeitsmarktlage gut ist, hätte man unter den obwaltenden Umständen mit dem Gründen immer die schlechtere Alternative gewählt. Wo eine Region jede Initiative dieser Art dringend braucht, wird öffentlich mehr verhindert als geholfen, die meisten Instrumente sind falsch justiert, richten sich zum Beispiel an Ingenieure, wo vor allem in der Kreativwirtschaft gegründet wird.

Wer trotz widriger Umstände dann schließlich doch den Schritt in die Selbstständigkeit wagt, bleibt in der Nähe seines »Heimatclusters«, bei Dienstleistung und vor allem bei Hightech ist das in der Regel die eigene Hochschule. Industrielles und wissenschaftliches Netzwerk sind bekannt, Kompetenzen verstärken sich gegenseitig. Wo man – wie in Technologiezentren – alle Beteiligten zusammenbringt in gemeinsamen Gebäuden, funktioniert es besonders gut.

Man dürfe aber »Gründung« auch nicht als Fetisch betrachten, rät Abelshauser. *»Unsere Wirtschaft ist mehr auf Nachhaltigkeit als auf Gründung angelegt.«* Die Nachhaltigkeit ist zwar langsam, aber man sollte die Vorteile nicht aufgeben. Die hießen auch schon ohne »Hightechstrategien« und Globalisierungsdebatten für die deutsche Wirtschaft: Wissenschaft und Weltmarkt. Und das Zusammenarbeiten im regionalen »Cluster«.

EIN BUCH MIT SIEBEN SIEGELN – DIE ÖFFENTLICHE FÖRDERUNG

»Lähmend«, »katastrophal«, »realitätsfremd«, »unreformierbar«, »Geldverbrennung« u. v. a. m. sind die wenig freundlichen Betrachtungen gegenüber der öffentlichen Förderung von Wirtschaft, Wissenschaft und deren Austauschprozessen, hier besonders gegenüber der »Mittelstandsförderung«. Auch hier wird eine extrem starke Diskrepanz zwischen Appellen und Realität konstatiert. Man redet von »Hightechstrategien« in einem rohstoffarmen Land, verhindert aber das Fortkommen nach Kräften durch Intransparenz und Überbürokratisierung.

Mittlerweile schält sich eine Tendenz heraus, dass Forscher sich Partner aus der Industrie suchen und umgekehrt, und man sich ohne öffentliche »Unterstützung« an die Arbeit macht

Mittlerweile schält sich eine Tendenz heraus, dass Forscher sich Partner aus der Industrie suchen und umgekehrt, und man sich ohne öffentliche »Unterstützung« an die Arbeit macht. In solchen Konstellationen kann der Forscher insgesamt mehr forschen, weil er weniger Anträge schreiben muss, das Unternehmen riskiert nicht die Insolvenz, zu der es ohne Weiteres in dem Zeitraum kommen kann, bis einem Antrag stattgegeben ist. Oder nicht. Die Chancen stehen 1:10. Kein Mittelständler kann sich das leisten. Ein Förderberater zog sich einmal den Zorn eines solchen Mittelständlers zu. Die Antragsformulare wurden mit der Sackkarre gebracht.

Die meisten Verfahren sind so ausgelegt, dass es sich entweder nur die ganz Großen und die staatlich bezahlten Hochschulinstitute leisten können, einen Antrag zu stellen, kleine und mittlere Unternehmen tun das erst gar nicht. Eine gigantische Verzerrung ist die Folge, wenn die eigentlichen Adressaten der vermeintlichen Wohltaten gar nicht erst erreicht werden.

Der direkte Kontakt zwischen Forschern und Unternehmen, der immer häufiger gesucht wird, funktioniert natürlich umso besser, je dichter die regionalen Netzwerke sind und je besser man sich kennt – vor allem, wenn es um langfristige Kooperation zum Vorteil aller Beteiligten geht.

Die regionale Verbundwirtschaft ist angewiesen auf ein funktionierendes Gefüge an allen Stellen der Wertschöpfungskette. Wenn also wie in Deutschland jahrelang die Lehre vernachlässigt wird, gefährdet man die Versorgung der Wirtschaft mit qualifizierten Beschäftigten und riskiert einen erheblichen internationalen Wettbewerbsnachteil. Vorschläge zur Einrichtung von Juniorprofessuren für die Lehre und die Schaffung von Institutionen, deren englischsprachige Namen nicht darüber hinwegtäuschen können, dass sie die Neuauflage der abgeschafften Pädagogischen Hochschulen sind, bewirken eine noch größere Lücke zwischen Theorie und Praxis und verstärken das Signal: Lehre bringt kein Renommee. Wieder einmal belegt Deutschland im aktuellen OECD-Bericht in Sachen Bildung einen der letzten Plätze. Gefordert wird darin mehr Durchlässigkeit zwischen den Systemen, etwa ein Zugang zu den Hochschulen auch ohne Abitur.

Für viele Unternehmen ist die Kooperation in der Lehre ein wichtiges Thema

Wenn von Kooperationen zwischen Wirtschaft und Wissenschaft die Rede ist, geht es zumeist um Forschung. Dabei ist für viele Unternehmen, egal welcher Betriebsgröße, vor allem Kooperation in der Lehre das wichtige Thema. Keine Woche vergeht, in der nicht händeringende Hilferufe in Richtung Politik gehen, dass qualifizierte Arbeitskräfte fehlen. – Ein Feld, das viel Spielraum für private Initiativen bietet, die mehr und mehr ergriffen werden und die besonders da funktionieren, wo man auf ein Netzwerk von Unternehmen und Hochschulen zugreifen kann, die kooperationswillig in der Sache sind.

Und da haben schon viele – und ganz besonders die Mittelständler – einen Königsweg gefunden. Der heißt »Duale Studiengänge«, und davon will man mehr. Kleinere Unternehmen haben weder Zeit noch Mittel, Hochabsolventen nachzutrainieren, wie die Großen es könnten und häufig auch tun. Da muss spezifische Problemlösungskompetenz von Anfang an im Einsatz sein. *»Für kleinere Betriebe sind Universitätsabsolventen nicht so geeignet.«*

Mit derlei Angeboten hält man gut qualifizierte Leute in der Region, sichert den Fachkräfte- und Führungsnachwuchs – viele Unternehmen schätzen Mitarbeiter aus der Region. Partner der Unternehmen, die sich an diesen Initiativen beteiligen oder sie häufig auch anregen, sind in der Regel kleinere Hochschulen, private wie staatliche Fachhochschulen, wo man kein Problem damit hat, das Studienangebot mit den Partnern abzustimmen.

Übrigens geben Studierende bei Befragungen regelmäßig kleineren Hochschulen die besseren Noten. Die großen Universitäten schneiden am schlechtesten ab. Überfüllte Veranstaltungen in den Großuniversitäten beeinträchtigen die Arbeitsbedingungen, mangelnde Rückmeldung durch die Professoren tut ein Übriges, und die müssen Überlast fahren bei etwas, das ihnen im Wissenschaftsbetrieb immer weniger Renommee einbringt: bei der Lehre.

Die duale Ausbildung hat aber vor allem für ihre Absolventen entscheidende Vorteile. Da sie von Anfang an das Prinzip *theoria cum praxi* verinnerlichen, haben sie in der Regel einen uneinholbaren Vorsprung gegenüber ihren konventionell ausgebildeten Kollegen.

Auch wer schon länger in Lohn und Brot ist, muss Schritt halten können mit neuen Entwicklungen. Ein unverzichtbarer Punkt bei der Qualifizierung von Regionen ist es, die Beschäftigungsfähigkeit von Mitarbeitern zu sichern. Langjährig Beschäftigte in guten Positionen sind die eigentliche Substanz einer Firma; ihre berufsbegleitende Weiterbildung ist ein Muss, und das kann nur in der Region stattfinden.

Für die Hochschulen ist die Quartäre Bildung ein attraktives Geschäftsfeld, für kleinere KMU ist es mitunter eine Möglichkeit, das eigene Überleben zu sichern.

Auch die Treue der Absolventen gegenüber der Hochschule ist bei kleinen Häusern ausgeprägter als bei großen. Und professionelle Alumniarbeit gilt inzwischen als ein hervorragendes Instrument der langfristigen und nachhaltigen Zusammenarbeit – gerade auch mit regionalem Bezug, da erfahrungsgemäß der überwiegende Teil der Studierenden aus der Region kommt und nach absolviertem Studium dort auch bleibt.

Eine wesentliche Keimzelle für gute Kooperationen mit der Wirtschaft sind übrigens sehr häufig Diplom- oder andere Abschlussarbeiten von Studierenden, die während eines Praktikums in »ihrem« Betrieb zu »ihrem« Professor gehen:

»Mein Chef hätte da eine Frage ...«

Edition Stifterverband
Stifterverband für
die Deutsche Wissenschaft
Barkhovenallee 1
45224 Essen
Tel.: (0201) 84 01-0
Fax: (0201) 84 01-301
mail@stifterverband.de
www.stifterverband.de

Wortwandel Edition
Susanne Weiss
Husemannstraße 29
10435 Berlin
Tel.: (030) 31 01 27 55
Fax: (030) 31 01 29 84
weiss@wortwandel.de
www.edition-weiss.de

Buch- und Offsetdruckerei
H. Heenemann GmbH & Co. KG
Bessemerstraße 83–91
12103 Berlin
Tel.: (030) 75 30 3-0
Fax: (030) 75 30 3–131
info@heenemann-druck.de
www.heenemann-druck.de